DE DE COMMERCE

POUR LE DOCTORAT

BLIC, SUR LES MATIÈRES CI-APRÈS
Le samedi 30 juillet 1900, à 10 heures

PAR

J. LOUDEREAU

Président : M. RENAULT.
MM. LYON-CAEN,
THALLER, professeurs

PARIS
LIBRAIRIE NOUVELLE DE DROIT ET DE JURISPRUDENCE
ARTHUR ROUSSEAU
ÉDITEUR
14, rue Soufflot, et rue Toullier, 13
1900

THÈSE

POUR LE DOCTORAT

UNIVERSITÉ DE PARIS — FACULTÉ DE DROIT

VENTE ET NANTISSEMENT

DES FONDS DE COMMERCE

THÈSE POUR LE DOCTORAT

L'ACTE PUBLIC SUR LES MATIÈRES CI-APRÈS

Sera soutenu le samedi 30 juin 1900, à 10 heures

PAR

Henry LORDEREAU

Président : M. RENAULT.

Suffragants { MM. LYON-CAEN, } *professeurs.*
{ THALLER, }

PARIS

LIBRAIRIE NOUVELLE DE DROIT ET DE JURISPRUDENCE

ARTHUR ROUSSEAU

ÉDITEUR

14, rue Soufflot, et rue Toullier, **13**

1900

CHAPITRE PREMIER

NATURE JURIDIQUE DU FONDS DE COMMERCE

I. — Origine de l'expression Fonds de commerce

L'expression *Fonds de commerce* est relativement récente. Ce n'est guère qu'au début de ce siècle qu'elle a commencé à être en usage. Antérieurement on employait les mots *Fonds de boutique*, qui, d'ailleurs, ne désignaient pas le fonds de commerce tel que nous le concevons aujourd'hui, mais uniquement les marchandises qui existaient dans le magasin du marchand.

L'acception primitive du mot *Fonds*, d'abord appliquée uniquement aux *Fonds de terre* « *Fundus* » fut étendue, au début du XVIe siècle, à l'avoir des marchands. Grâce à l'extension et aux progrès du commerce, la richesse mobilière s'accrut alors dans des proportions considérables. Le développement rapide des fortunes commerciales rendit frappante l'analogie qur existait entre ces deux sources de revenus *Le Fonds et le Capital* et la similitude des résultats amena la confusion des termes.

Les mots *Fonds* et *Capital* devinrent synonymes. *Le Capital*, c'est le *Fonds de terre* pour le propriétaire ; pour le marchand, ce sont ses marchandises, qui deviennent, par suite, *Le Fonds de boutique*.

Devons-nous, avec un auteur, voir dans cette confusion des termes, la cause historique de l'immobilisation des fonds de commerce avant la Révolution ? Nous ne le pensons pas, car les fonds de commerce ne furent pas alors les seuls biens patrimoniaux immobilisés. Les offices et les rentes constituées le furent également. La faveur qui s'attacha à ces différents biens mobiliers par leur nature, doit être, à notre avis, attribuée à leur importance et à leur valeur. On fut amené, en raison de cette importance et de cette valeur, à les assimiler aux immeubles, afin de les distinguer des autres meubles de moindre importance, pour lesquels nos ancêtres avaient un souverain dédain, qui s'est traduit par la fameuse maxime : « *Res mobilis, res vilis* ».

Quoiqu'il en soit, la compréhension du fonds de commerce est, aujourd'hui, beaucoup plus large. Le fonds de commerce est constitué de tous les éléments qui concourent à son exploitation ; à côté de l'élément matériel, représenté par l'agencement, l'outillage et les marchandises, se trouve un élément immatériel qui est, dans la plupart des cas, le plus important, et cet élément immatériel consiste généralement dans la clientèle et tout ce qui peut servir à la fixer, nom, enseigne, marques, etc., et dans le droit au bail.

Le fonds de commerce est donc une chose très complexe et avant d'en donner une définition, il est nécessaire de rechercher et de déterminer les éléments qui entrent dans sa composition et dont l'ensemble le constituent.

II. — Divers éléments dont se compose le fonds de commerce

Nous avons en premier lieu, comme élément prépondérant la *clientèle ou achalandage*.

C'est là ce qui constitue à proprement parler le fonds de commerce parce que c'en est en quelque sorte la base fondamentale. La clientèle est l'ensemble des personnes qui, pour des causes diverses, se fournissent habituellement à la maison de commerce, soit parce que les produits de la maison ne se vendant pas ailleurs, elles y sont en quelque sorte obligées, soit à cause de la réputation dont ces produits jouissent dans le public, soit parce que la maison est connue pour être dirigée intelligemment, enfin par suite d'une multitude de circonstances qui la recommandent à la confiance du public.

Une autre cause qui peut grouper la clientèle autour d'une maison de commerce, c'est sa situation locale. Ici, la clientèle n'est plus exclusivement le fruit de l'habileté, de la probité, du travail du commerçant. Le quartier où est exploité le fonds de commerce s'est em-

belli, la voie publique où sont les magasins est devenue très fréquentée, et la circulation y est très active.
Quelquefois c'est la proximité d'un établissement re-
nommé qui attire les visiteurs ; par exemple : lorsqu'il
s'agit d'un café ou d'un restaurant établi auprès d'un
des grands magasins parisiens universellement connus ou d'un hôtel meublé situé à côté d'une des gares
de chemin de fer.

C'est alors surtout la situation locale du fonds de
commerce qui en détermine la valeur, et le droit au bail
y prend une importance exceptionnelle.

A côté de la clientèle ou achalandage attaché au
fonds de commerce se trouvent l'agencement et le matériel servant à son exploitation. Ce sont les instruments,
ustensiles et meubles de toute nature, et qui peuvent
varier à l'infini, suivant chaque espèce ce commerce ou
d'entreprise. L'ensemble de l'agencement et du matériel
est désigné sous le non d'installation.

Mais, doit-on ranger aussi parmi les éléments qui
entrent généralement dans la composition du fonds
de commerce, *les marchandises neuves* qui se trouvent
en magasin ? L'affirmative nous paraît certaine. Et
cependant cette doctrine a été combattue. On a fait
remarquer que, dans la plupart des ventes de fonds de
commerce, les marchandises sont mises à part et
n'entrent pas en ligne de compte pour la fixation du
prix de vente. Le fonds proprement dit est vendu séparément : quant aux marchandises neuves, une clause

particulière du contrat, déclare qu'elles feront l'objet d'un inventaire et d'une estimation distincte.

Et les partisans de ce système invoquent à l'appui de leur thèse, le témoignage du législateur lui-même qui, dans la loi du 28 février 1872, a consacré cette distinction entre le fonds de commerce proprement dit et les marchandises neuves qui le garnissent.

En effet, tandis que les mutations de fonds de commerce sont assujetties à un droit de 2 0/0, les marchandises ne sont soumises qu'à un droit de 1/2 0/0. Si le législateur frappe de droits proportionnels différents les mutations de fonds de commerce et les cessions de marchandises neuves, c'est donc bien, dit-on, qu'il considère ces dernières comme ne faisant pas partie du fonds.

Nous repoussons absolument cette opinion, et ne pouvons admettre que les marchandises qui autrefois, sous le nom de *fonds de boutique*, constituaient le seul élément du fonds de commerce, soient considérées aujourd'hui comme n'en faisant plus partie.

Tout d'abord, s'il est exact que, dans les ventes de fonds de commerce, les marchandises neuves fassent le le plus souvent l'objet d'une clause séparée et que le prix en soit fixé à part, il n'en est pas moins vrai que, lorsque le fonds est vendu, on a l'habitude de céder en même temps les marchandises existant en magasin. Peu importe qu'elles soient ou non estimées individuellement. Il est fort rare qu'une personne achète un fonds de commerce sans les marchandises. Cela ne se présente

que dans des cas spéciaux, ou le vendeur a bien soin
alors de formuler une réserve expresse. A cela on
réplique que d'autres éléments peuvent encore entrer
dans la vente, sans qu'ils soient pour cette raison compris dans le fonds. Ainsi, le vendeur est propriétaire
de l'immeuble dans lequel le fonds est exploité. La
transmission portera alors sur l'immeuble et sur le
fonds lui-même. Et pourtant on ne peut prétendre que
l'immeuble soit une partie intégrante du fonds de commerce. Cela est si vrai, que la transmission de l'immeuble est frappée du droit proportionnel auquel
donnent lieu toutes les mutations immobilières, alors
que le fonds ne supporte que le droit de 2 0/0 (Thaller.
Traité élémentaire de droit commercial, p. 66, n° 87
2e édition).

Cet argument, suivant nous, ne porte pas. Si l'immeuble sur lequel est installé l'établissement ne peut
pas être compris dans l'ensemble du fonds de commerce, bien qu'il appartienne au même propriétaire,
et qu'il soit vendu avec l'établissement lui-même, cela
tient à sa nature d'immeuble. Or, nous le verrons, la
jurisprudence est aujourd'hui définitivement fixée sur
la commercialité des ventes de fonds de commerce ; si
ces ventes sont commerciales, c'est apparemment que
les choses composant le fonds de commerce sont elles-
mêmes objet de commerce, et très rares sont les auteurs,
qui soutiennent que les immeubles rentrent dans cette
catégorie d'objets. « Les richesses mobilières, disait

Portalis dans son discours préliminaire sur le Code civil, sont le partage du commerce, les immeubles sont particulièrement du ressort de la loi civile ».

On ne peut en dire autant des marchandises ; celles-ci sont par essence des choses commerciales, et c'est précisément leur vente en gros ou en détail qui fait l'objet du commerce.

Quant à l'argument tiré de la loi du 28 février 1872, il n'est pas plus probant. Que la vente en bloc des marchandises soit soumise à un droit spécial et distinct, cela ne fait pas 'que les marchandises n'entrent pas dans la composition du fonds. L'article 7 de la loi suppose même le contraire. Cet article dit en effet que le droit d'enregistrement de 2 0/0 « est perçu sur le prix de vente de l'achalandage, de la cession du droit au bail, et des objets mobiliers ou autres servant à l'exploitation du fonds à la *seule exception* des marchandises neuves garnissant le fonds ». C'est donc, si la loi fait exception pour les marchandises neuves, qu'elle considère que ces marchandises font corps avec le fonds, sans quoi elle n'aurait pas éprouvé le besoin de les excepter.

Et cette observation devient encore plus décisive, si l'on considère que, pour bénéficier de ce privilège, on doit stipuler dans l'acte de vente. un prix particulier pour les marchandises, les désigner et estimer article par article dans le contrat ou dans la déclaration. Si ces prescriptions ne sont pas exactement suivies, le droit de 2 0/0 est perçu sur l'ensemble du prix de vente. Le législateur a donc certainement considéré les marchandises comme faisant partie intégrante du fonds de commerce. L'application qu'il a faite à ces marchandises d'un droit de transmission très réduit n'a pas, à notre avis, la cause que lui attribue M. Thaller.

La cause réelle de la réduction du droit applicable aux marchandises neuves est une raison toute fiscale. Si le législateur eut imposé l'ensemble du fonds de commerce, marchandises comprises, d'un droit unique de 2 0/0, il eut certainement manqué son but. Pour éviter le paiement d'un droit aussi élevé sur les marchandises, les commerçants dont la préoccupation constante est de réduire leurs frais généraux et dont l'ingéniosité, sur ce point, a atteint les limites extrêmes, puisque certains d'entre eux sont arrivés non seulement à ne plus rémunérer leur personnel, mais encore à imposer à celui-ci le paiement de leurs frais journaliers, les commerçants, disons-nous, n'eussent pas manqué de trouver des combinaisons, plus ou moins licites. Il leur eut suffi d'ailleurs, de n'avoir pas de marchandises en magasin lors de la cession du fonds de commerce, ce qui, dans la plupart des cas, eut été facile, en raison de la mobilité desdites marchandises. Le fisc, dans ces cas, eut été frustré de la totalité des droits sur ces dernières. C'est le résultat auquel a voulu obvier le législateur en abaissant le tarif en ce qui les concerne. Il n'a pas voulu mettre les commerçants dans

l'alternative de choisir entre leur devoir de contri-
buables et leur intérêt personnel, dans la crainte que
le second fît échec au premier. Il a pensé qu'en frappant les mutations de marchandises neuves d'un droit
relativement minime, il écarterait, par là même, tout
désir chez les commerçants de chercher à se soustraire
à son paiement. Constatons, d'ailleurs, qu'il a assez
bien réussi et qu'il y a peu d'exemples, dans la pratique, de dissimulation du prix des marchandises. Toutefois. ce système a un inconvénient. Il a facilité une
autre fraude assez difficile, sinon impossible à démas-
quer : c'est celle qui consiste à majorer le prix des
marchandises, pour diminuer d'autant le prix des
autres éléments du fonds de commerce, soumis au
droit de 2 0/0.

La question de savoir si les marchandises garnissant
le fonds de commerce font, ou non, partie intégrante
de ce fonds, présente un intérêt capital, lorsque ledit
fonds, ayant été vendu sans désignation détaillée des
éléments qui le composent et pour un prix unique, il
s'agit de déterminer l'étendue des droits de l'acquéreur.
Si l'on admet, avec nous, que les marchandises font
partie intégrante du fonds, l'acquéreur en sera devenu
propriétaire ; si l'on adopte l'opinion contraire, ces marchandises seront demeurées la propriété du vendeur.
Un très grave conflit peut donc s'élever entre le vendeur
et l'acquéreur, en raison de cette controverse, lorsque
la vente n'est pas constatée par écrit, ou lorsque, consta-

tée par écrit, celui-ci porte simplement qu'elle a pour objet le fonds de commerce, sans désigner les éléments qui le composent.

Elle a le même intérêt si, au lieu de la vente du fonds de commerce, il s'agit de son nantissement. Le conflit, dans ce second cas s'élèvera entre le créancier nanti et le débiteur, ou les créanciers chirographaires de ce dernier.

Un autre élément qui entre très généralement dans la composition du fonds de commerce, et, qui en est quelquefois l'élément dominant, *c'est le droit au bail.*

Il serait souvent impossible à un commerçant de grouper et de conserver sa clientèle sans un local destiné à fixer son établissement dans un lieu déterminé.

D'ailleurs, ce local est la plupart du temps indispensabls pour abriter son matériel et ses marchandises. Nous disons la plupart du temps, car il y a des professions commerciales pour lesquelles il n'est pas nécessaires, par exemple pour les marchands forains. Ce local peut être la propriété du commerçant, ou bien, et c'est le cas le plus fréquent, particulièrement dans les grandes villes, il fait l'objet d'un contrat de bail. Le droit au bail devient ainsi un élément du fonds de commerce, il peut même en être le plus important dans certains cas, par exemple, s'il s'agit d'un commerce d'hôtel meublé, ou bien si l'importance de l'établissement tient à sa situation dans tel ou tel lieu.

On comprend dans le fonds de commerce *l'enseigne* qui sert à individualiser l'établissement aux yeux du

public. Pour certaines maisons l'enseigne a une importance considérable, c'est d'elle bien souvent que dépend
le maintien de la clientèle; citons comme exemple le
Louvre, le Bon Marché, l'Hôtel Continental, etc.

Le nom commercial fait comme l'enseigne, partie du
fonds de commerce. Ce ne sera pas forcément le nom
véritable du commerçant. Celui-ci peut adopter un
pseudonyme, celui qu'il jugera le plus propre à favoriser ses affaires commerciales et le recrutement de la
clientèle. Le nom commercial acquiert une grande
valeur lorsque la propriété de la maison tient à la noto-
riété du propriétaire.

Le fonds de commerce peut aussi comprendre des
marques de fabrique et de commerce lorsque les produits de la maison jouissent d'une faveur spéciale dans
public, et qu'il importe d'en garantir l'origine à la clientèle. La marque de fabrique ou de commerce couvre la
marchandise avec laquelle elle circule. Elle consiste,
soit dans le nom de l'exploitant préalablement déposé
et ayant une forme graphique distinctive, soit dans
une dénomination arbitraire et fantaisiste du produit
(Bénédictine de l'Abbaye de Fécamp), soit encore dans
des vignettes qui peuvent s'ajouter aux mentions écrites,
ou même exister seules.

Les secrets de fabrication, brevets d'inventions peuvent aussi faire partie d'un fonds de commerce.

Tous ces éléments distincts qui entrent dans la constitution d'un fonds de commerce peuvent se répartir

en deux groupes : les uns comme l'*achalandage*, l'*enseigne*, le *nom*, les *marques,* les *brevets*, le *droit au bail* sont des *choses incorporelles* et constituent la partie immatérielle du fonds ; les autres, comme l'*agencement*, l'*outillage* et les *marchandises*, sont des *choses corporelles.*

III. – Le fonds de commerce est une universalité *Sui generis.*

Ayant ainsi passé en revue les parties principales de ce tout qu'on appelle un fonds de commerce nous allons essayer maintenant de déterminer la nature juridique de ce dernier.

Nous venons de le voir, il forme un ensemble tout à fait hétérogène. Ses parties constitutives sont très variées. Va-t-on laisser à chacune d'elles sa nature et son caractère propres, leur conserver une existence juridique indépendante, ou bien les fondra-t-on dans une universalité qui se substituerait ainsi à elles ? En d'autres termes, le fonds de commerce est-il une universalité juridique, ou une universalité de fait ?

Question importante et délicate entre toutes, qui divise encore à l'heure présente la doctrine et la jurisprudence.

Laquelle de ces deux doctrines convient-il d'adopter ?

Pour résoudre cette question d'une façon satisfaisante, il convient tout d'abord de préciser nettement le sens des mots. Après avoir défini d'une façon précise ce qu'on entend par universalité de droit et par universalité de fait, nous pourrons examiner si les caractères du fonds de commerce répondent à l'une ou à l'autre de ces conceptions juridiques.

L'universalité de droit est un ensemble de valeurs, de droits, ayant entre eux un lien juridique commun, et constituant un être fictif indépendant de ses parties constitutives. C'est un tout unique ayant une nature uniforme et susceptible de droits spéciaux. On range parmi les universalités de droit, le patrimoine, l'hérédité, la communauté conjugale.

L'universalité de fait est un simple agrégat de valeurs sans lien juridique entre elles, juxtaposées et rassemblées par la volonté des parties en vue d'une destination unique et déterminée, mais continuant, malgré cette réunion de fait, d'exister individuellement et séparément, sans être incorporées et en quelque sorte absorbées dans un tout d'une nature uniforme. Ce sera, par exemple, une bibliothèque, un troupeau, etc.

Considérons maintenant le fonds de commerce et voyons sur quels arguments s'appuient les partisans de l'un et l'autre système.

La question a été agitée principalement à l'occasion des nantissements de fonds de commerce ; c'est à ce point de vue en effet, qu'elle présente une réelle importance.

La jurisprudence, pour rendre possible le nantissement du fonds de commerce, a voulu lui assigner une seule et même nature indivisible. Et comme les éléments qui le composent sont absolument hétérogènes, le fonds de commerce n'a pu être considéré comme un tout unique et homogène que par la fiction de l'universalité juridique. (Aix, 12 mars 1878, S. 78, 2, 265. — Cass. 13 mars 1888, voir ci-après).

Est-il possible d'admettre cette fiction pour le fonds de commerce? Si on le fait, on va se heurter de suite à des conséquences inacceptables.

En premier lieu, une universalité juridique, telle que l'hérédité par exemple, a des caractères particuliers qui la distinguent de ses éléments constitutifs ; elle a une existence propre et une économie propre ; on ne saurait en dire autant d'un fonds de commerce.

Ensuite, une universalité juridique est un patrimoine comprenant un actif et un passif. Si le fonds de commerce en est une, il devient une sorte de pécule analogue au pécule de l'esclave ou du fils de famille en droit romain. Le commerçant se trouvera ainsi à la tête de deux patrimoines : un patrimoine réservé à ses affaires commerciales, et un autre affecté à ses affaires civiles. On voit aussitôt la conséquence ; elle apparaît en cas de faillite du commerçant : le fonds de commerce sera le gage exclusif des créanciers commerciaux, qui ne pourront se faire payer que sur les biens compris dans le fonds, et qui se trouveront aussi privilégiés sur ces mêmes biens, à l'encontre des créanciers civils.

Ils disposeront donc d'un droit de préférence, le fonds de commerce leur étant affecté par priorité, et par contre, ils n'auront aucun droit sur le patrimoine civil de leur débiteur qui restera ainsi le gage des autres créanciers.

La troisième conséquence logique de cette idée, que le fonds de commerce est un *universum jus*, se manifeste en cas de transmission du fonds. Les dettes pendantes et les créances non recouvrées au moment ou l'établissement est cédé, font partie de l'établissement lui-même et se transmettent avec lui.

Supposons que l'établissement soit vendu 100.000 fr. Il y a 50.000 fr. de dettes non payées, et 20.000 fr. de créances à recouvrer. Que va-t-il se passer ? L'acheteur paiera les 100.000 francs au vendeur, et il aura ensuite à payer 50.000 fr. et à se faire rembourser les 20.000 fr. de créances, le tout sans recours possible contre son vendeur et inversement sans recours du vendeur contre lui. Ce sera donc comme si, en réalité, il avait acheté le fonds : $100.000 + 50.000 = 150.000 - 20.000 = 130.000$ f.

Il est bien certain que si les intéressés en ont convenu autrement, leur volonté pourra modifier ce résultat. Mais en l'absence de convention, la théorie du fonds de commerce, universalité juridique, commande une semblable solution.

C'est ce qui se passe en Allemagne, ou le fonds de commerce se transmet à l'acquéreur activement et passivement, absolument comme on ferait d'une hérédité, parce que dans ce pays, un fonds de commerce est considéré comme universalité de droit.

En France, ces solutions sont repoussées. Le fonds de commerce n'est pas un patrimoine distinct et séparé, il se confond avec les autres biens du commerçant et sert de gage à tous ses créanciers, quels qu'ils soient, lorsqu'ils ne se sont pas réservé tel ou tel bien en particulier pour la sûreté de leurs droits.

Le commerçant n'a pas deux patrimoines, il n'en a qu'un, et ce patrimoine forme une masse individuelle au regard de ses créanciers (art. 2092 Cod. civ.)

Cette opinion a pourtant été contestée tout récemment par M. Magnin (Essai sur le nantissement des fonds de commerce et les résultats de la loi du 1er mars 1898. Paris, 1899, p. 21 et s.). Cet auteur accepte la doctrine du fonds de commerce, *universalité juridique* avec toutes ces conséquences, y compris la transmission des créances et des dettes; il y voit un patrimoine commercial, séparé des autres biens du commerçant. « Il est vrai, dit-il, en thèse générale, qu'une personne n'a qu'un patrimoine : mais il est des cas où cette affirmation est démentie par les faits. Au sein de ce patrimoine unique et soi-disant indivisible, se constituent parfois certains ensembles juridiques, certaines masses de biens affectés à une destination déterminée, c'est-à-dire garantissant l'acquittement de certaines obligations. Le fonds de commerce en est un exemple ; on en pourrait citer d'autres. Rien n'est plus rationnel que l'existence de ces petits patrimoines à part, fondée sur une affectation particulière, c'est-à-dire sur la volonté même de leur propriétaire : le fonds de commerce, par exemple, existe bien moins par les éléments variables qui le composent que par la volonté du négociant, qui en affecte les éléments à une exploitation commerciale déterminée. Mais il est essentiel, pour que ce patrimoine à part puisse remplir sa fonction économique, que sa transmission soit complète, c'est-à-dire qu'elle comprenne de plein droit toutes les créances et toutes les dettes contractées par les besoins du commerce. Les intérêts pratiques sont nombreux, notamment pour les dettes. Les créanciers ont le plus grand intérêt à pouvoir actionner directement l'acheteur : celui-ci, du jour de la vente, se trouve en effet propriétaire de l'actif commercial, part importante de leur gage, tandis que le vendeur (leur débiteur primitif) en est entièrement dessaisi. Il est donc très désirable pour eux que les obligations suivent l'actif commercial dans le patrimoine de l'acheteur. Le crédit et l'équité l'exigent absolument ».

Nous ne nierons point les avantages qui résulteraient de cette transmission active et passive du fonds de commerce. Mais ce que nous affirmons, c'est qu'elle manque de base légale, et qu'elle est contraire aux usages du commerce. L'auteur s'appuie sur ce fait que la loi du 1er mars 1898, en créant une publicité spéciale pour le nantissement des fonds de commerce, leur a assigné une place parmi les universalités juridiques. Cela est

vrai, mais seulement, nous le verrons, pour le cas spécial qu'elle a eu pour but de réglementer. D'ailleurs,
cette transmission des créances et des dettes en dehors
des règles du droit commun ne saurait exister pratiquement sans l'organisation d'une publicité qui sauvegarde
les droits des tiers. Or, nous verrons que la loi n'a
encore rien fait pour assurer cette publicité à l'égard
des cessions de fonds de commerce. Jusque-là, la
doctrine défendue par M. Magnin, restera sans application pratique possible, et la régle de l'unité et de
l'indivisibilité du patrimoine posée par l'article 2092 du
Code civil conservera son empire.

Peut-être pourrait-on être tenté de voir une exception
à ce principe dans le cas de société commerciale. La
société commerciale est une personne morale, et le patrimoine qu'elle administre est bien exclusivement affecté
aux créanciers commerciaux. Mais nous croyons qu'il
n'y a pas là d'exception véritable au principe de l'unité
de patrimoine puisque le fonds social est le seul patrimoine possédé par la société, en sa qualité d'être moral.

Un fonds de commerce ne se transmet donc pas actif
et passif. C'est le vendeur seul qui demeure chargé de
la liquidation des dettes et des créances en suspens ; et
le prix d'achat reste le même quel que soit l'actif et le
passif du fonds, parce que, chez nous, l'acheteur ne
succède pas aux obligations de son vendeur. Les créanciers de ce dernier, ne peuvent être contraints à changer
de débiteurs malgré eux. (Aubry et Rau. Tit. II, § 236,

p. 740, note 5 — Lyon-Caen et Renault. Droit commercial, t. III, n° 245 *bis*). Pourtant, certains auteurs
ont soutenu un système partiellement ou tout à fait
contraire. Les uns veulent que les créances seules, les
autres que les créances et les dettes se transmettent
avec le fonds. (Boistel. Précis du Droit commercial,
n° 429 ; — Dalloz, c. com. annoté, append. sur la
propr. industr. p. 946).

La jurisprudence, tout en admettant la fiction de
l'universalité juridique du fonds de commerce, est assez
incertaine sur cette question ; d'une manière générale,
elle n'accepte pas les conséquences logiques de son
opinion et n'en tire nullement les conclusions que nous
en avons déduites, c'est-à-dire qu'elle n'admet pas que
les créances et les dettes commerciales se transmettent
à l'acheteur avec le fonds *de plano*.

Le fonds de commerce n'est donc pas une universalité de droit, puisqu'il ne présente pas tous les caractères ordinairement attachés à cette catégorie de biens.

Serait-il une universalité de fait ?

De nombreux auteurs le soutiennent et non des
moins éminents (Lyon-Caen et Renault, op. cit,
n° 245 *bis* ; — Wahl., note S. 97.2.89). « Nous ne
voyons pas trop, dit M. Thaller, pourquoi l'on veut à
toute force une universalité juridique. Nous y trouve-
rions un assemblage de valeurs qui, les unes, comme
la clientèle, ont une nature immatérielle ; tandis que
d'autres, telles que les marchandises, sont des meubles

corporels. La volonté des parties peut réunir dans un contrat tous les éléments ensemble, mais rien n'empêche non plus de traiter isolément sur chacun d'eux. » Annales de droit commercial 1899, Doctrine, p. 221.

« C'est une universalité de fait, disent encore MM. Lyon-Caen et Renault, ou réunion d'objets corporels et incorporels, unis par l'emploi auquel ils sont consacrés, mais susceptibles pourtant d'être séparés les uns des autres. »

Nous verrons en effet que, le plus souvent, dans la vente d'un fonds de commerce, le droit au bail est cédé par acte séparé, et que les marchandises font l'objet d'une vente distincte sur estimation. Donc, les éléments différents du fonds de commerce sont bien distingués dans la pratique.

Il en est de ces éléments, comme des animaux d'un troupeau ; des meubles qui garnissent une chambre, etc. Ces objets sont bien distincts juridiquement, ce n'est que la pensée et l'intention des parties qui en font un tout indivisible.

Comme le disait très justement M. Thaller, avant la loi du 1er mars 1898 (Traité élémentaire du dr. commerc. 1re édition, no 86) : « Chacune des valeurs comprises dans l'exploitation conserve la nature première. La convention des parties ne fait que réunir entre elles, pour les soumettre à une vente simultanée, des valeurs qui sont en réalité de condition différente : ces valeurs sont seulement rendues solidaires *de fait,* par des considérations d'exploitation ».

Mais nous ne pouvons plus accepter aujourd'hui sans réserves une semblable doctrine. Il n'est plus absolument vrai de dire qu'un fonds de commerce est un simple agrégat de valeurs. Cet agrégat a un nom, et ce nom désigne un tout parfaitement et individuellement déterminé. La loi du 1er mars 1898, qui a soumis à une publicité particulière le nantissement du fonds de commerce, l'a certainement considéré, *sous ce rapport,* comme une universalité juridique. En effet, elle a autorisé les commerçants à donner leurs établissements en gage sans qu'ils fussent contraints de s'en dessaisir. Autrement dit, elle a créé une *nouvelle hypothèque mobilière* frappant le fonds de commerce envisagé comme tel, indépendamment de ses éléments particuliers.

Il est donc bien à ce point de vue un tout juridique susceptible d'un droit particulier assimilable à l'hypothèque envisagée dans ses résultats. Ici, les éléments du fonds de commerce n'ont plus d'existence séparée ; considérés individuellement, ils ne sont pas susceptibles d'hypothèque ; ce n'est que par le fait de leur réunion dans ce tout qu'on appelle un fonds, qu'ils deviennent affranchis tous ensemble, à raison du lien qui les unit, du droit commun auquel leur nature intime les aurait soumis.

Il résulte de ce qui précède que le fonds de commerce n'est pas, *en principe,* une universalité juridique, *uni-*

versitas juris, puisqu'elle n'en a pas les caractères essentiels (1) ; et qu'il n'est pas non plus une universalité de fait, *universum corpus,* puisqu'il possède certains caractères de l'universalité de droit.

Qu'est-il donc? Forcément, quelque chose tenant le milieu entre ces deux universalités, c'est une universalité, *sui generis,* dont les caractères sont déjà définis suffisamment par ce qui précède, mais qui ont besoin d'être soulignés d'un trait plus accentué.

IV. — Le fonds de Commerce est un meuble d'une nature complexe, à la fois corporelle et incorporelle. — Incertitude de la Jurisprudence.

Un point sur lequel tout le monde est d'accord, c'est que le fonds de commerce est un meuble, lorsqu'on l'envisage dans son ensemble, puisqu'il est composé d'objets et de valeurs ayant toutes une même nature mobilière.

De là, deux conséquences pratiques importantes :

1° Il tombe en communauté lorsque les époux se sont mariés sans contrat ou qu'ils ont adopté le régime de la communauté légale, que le fonds appartînt à l'un des époux avant le mariage, ou qu'il fut échu à l'un d'eux

(1) *Contra.* P. MAGNIN. Essai sur le nantissement des fonds de commerce et les résultats de la loi du 1er mars 1898. — Paris 1899, p. 20.

pendant le mariage à titre de donation ou de succession.

2° Avant la loi du 1ᵉʳ mars 1898, il n'était pas susceptible d'hypothèque, mais il pouvait être donné en nantissement, du moins d'après la jurisprudence.

La difficulté commence lorsqu'il s'agit de déterminer la nature de ce meuble. Est-il un meuble corporel ; est-ce un meuble incorporel ?

Nous serions portés à penser que, pour ceux qui considèrent le fonds de commerce comme une simple universalité de fait, la question n'existe pas. Puisque, en effet, c'est un assemblage de meubles corporels et de meubles incorporels, le fonds de commerce doit être un meuble d'une nature complexe, participant lui-même de la nature de tous les éléments qui le constituent, c'est-à-dire à la fois corporel et incorporel. Mais notre hésition est provoquée par l'affirmation que nous trouvons dans le « Traité de Droit Commercial » de MM. Lyon, Caen et Renault, que le fonds de commerce est un meuble incorporel : « Quand on considère à ce point de vue (c'est-à-dire comme universalité de fait), le fonds de commerce, on doit le ranger parmi les meubles incorporels » écrivent à ce sujet nos savants maîtres, qui ajoutent pour justifier leur opinion : « L'achalandage ou droit à la clientèle a évidemment ce dernier caractère (*de meuble incorporel)*, et les autres objets compris dans le fonds de commerce sont un accessoire de l'achalandage ». Nous ne pouvons partager leur opinion sur ce point.

Suivant nous, l'assemblage de choses diverses comprises sous la dénomination de fonds de commerce n'enlève pas à ces choses leur caractère individuel, ne met pas fin à leur existence particulière, et par suite ne les empêche pas de subsister avec leur nature juridique propre. Or, parmi ces choses, les unes, comme l'achalandage et le droit au bail sont incorporelles, les autres, comme le matériel et les marchandises, sont corporelles. N'est-il pas dès lors plus exact d'attribuer à leur ensemble, qui est le fonds de commerce, une nature juridique complexe à la fois corporelle et incorporelle, que de lui assigner la nature juridique corporelle ou incorporelle d'un des éléments qui le composent? Il faudrait, pour soutenir l'opinion contraire, que les meubles corporels puissent perdre leur caractère propre, non seulement par incorporation et par destination, mais encore par suite de leur juxtaposition à des droits incorporels. La théorie de l'accessoire peut-elle aboutir à une telle conséquence? Il résulte de la loi que, des meubles peuvent devenir immeubles soit par incorporation, soit par destination (1), que des contrats qui seraient civils si on les considérait en eux-mèmes et isolément, peuvent être commerciaux en vertu de la

---

(1) Les meubles par nature ne perdent leur qualité de meubles qu'autant qu'ils sont susceptibles de devenir immeubles par destination ; comme les instruments d'exploitation d'une ferme. Mais on ne doit pas considérer comme ayant un caractère immobilier, des meubles de même nature réunis en vue d'une destination

théorie de l'accessoire, mais nulle part on ne trouve que des meubles corporels soient susceptibles de devenir incorporels parce qu'ils sont l'accessoire de biens incorporels. Il faut pour cela admettre qu'ils perdent leur individualité en se fondant dans un tout juridique de nature incorporelle. Mais alors, qu'est-ce à dire sinon que ce tout a une existence propre distincte de celle de ses parties constitutives, et que cette universalité est une universalité de droit ?

Nous le répétons, si le fonds de commerce est une universalité de fait, on est amené à en conclure inévitablement qu'en dehors de ses éléments constitutifs, il n'a pas d'existence juridique propre. Donc, sa nature juridique n'est pas uniforme, elle est complexe et elle participe de la nature de chacun de ses éléments. C'est un meuble à la fois corporel et incorporel, dans une proportion variable, suivant l'importance respective de ses éléments corporels et incorporels.

(En ce sens, Massé. Le Droit commercial dans ses rapports avec le droit des gens. Tome II, p. 541, n° 1381.)

Nous ne nions point, certes, que l'élément incorporel domine la plupart du temps dans un fonds de com-

commune et formant une universalité *de fait*, par exemple un fonds de commerce. (DEMOLOMBE, tome 1er, n° 403). Ce qui est vrai du caractère mobilier des éléments du fonds, l'est également de leur caractère corporel ou incorporel.

merce, et nous avons même dit que l'achalandage en était l'élément essentiel.

Mais il est non moins certain qu'à cet élément incorporel s'ajoute un élément matériel, composé du mobilier d'exploitation et des marchandises.

« On ne saurait nier que, par cet élément tout au moins, l'universalité ne prenne un corps. Mais, dit-on, la proportion de cet élément est infime et négligeable. Admettons-le d'abord. Mais supposons qu'elle augmente. Où sera la limite ? A partir de quel instant de raison admettrez-vous la proportion suffisante pour modifier la nature de l'universalité ? Vous ne sauriez l'établir nettement et la seule réponse exacte est celle-ci :

« Quand l'élément matériel sera immensément plus considérable que l'autre, vous aurez tort, tout à fait tort, de qualifier le fonds de chose incorporelle. Quand cette valeur sera de moitié, vous aurez encore à moitié tort. Quand elle sera minime, vous aurez encore un peu tort et, bref, vous aurez toujours tort à proportion de la quantité de matériel que comprendra les fonds. D'où vient celà ?

De cette prétention que vous avez de faire du fonds une universalité d'une seule nature et d'associer ensemble, pour leur donner une qualification unique des choses essentiellement différentes par leur essence. » (J.-B. Magnier et C. Pruvost, du nantissement constitué sur les fonds de commerce, p. 62.)

Et d'ailleurs l'élément incorporel n'est pas toujours

la partie la plus importante d'un fonds de commerce.
Loin de là, à chaque pas, nous pouvons rencontrer des
établissements dans lesquels la valeur du matériel et
des marchandises est bien supérieure à celle de l'achan-
dage et du droit au bail.

Prenons un commerce de bijouterie ou de joaillerie,
est-ce que les bijoux et les pierres précieuses qui garnissent le magasin ne valent pas souvent dix et même
vingt fois plus que le droit au bail et l'achalandage.

S'agit-il d'un entrepreneur de travaux ? Considérez ce
que peuvent valoir tous les matériaux, les voitures,
les chevaux qu'il doit employer, et mettez en regard le
droit au bail, quelle importance peut-il avoir pour ce
commerçant, puisque la plupart du temps il déplace
son matériel avec les travaux qu'il a soumissionnés ?
Que lui importe d'installer ce matériel dans un lieu
plutôt que dans un autre ?

Et les commerces ambulants ? Ils n'ont point, à
proprement parler de clientèle, quant au droit au bail,
il n'existe même pas.

Il n'y a pas non plus de droit au bail, lorsque le commerçant ou l'industriel est propriétaire de l'immeuble
où il travaille.

Il n'est donc pas possible, dans l'hypothèse où le
fonds de commerce est envisagé comme universalité de
fait, de lui assigner une nature homogène et toujours
incorporelle, puisque l'élément incorporel, non seulement n'est qu'une partie du fonds, mais encore peut

n'en être que la moindre, et parfois même ne pas exister du tout.

L'homogénéité du fonds de commerce n'est admissible que dans l'opinion de ceux qui y voient une universalité juridique. Alors, il existe un être moral, distinct juridiquement de ses éléments constitutifs, et notre sentiment est que cette universalité est un meuble de nature invariablement incorporelle. C'est ce qu'a décidé la Cour de Grenoble dans un arrêt du 16 avril 1886, infirmatif d'un jugement du Tribunal de commerce de Grenoble du 7 août 1885 :

« Attendu que le fonds de commerce composé de ces divers éléments constitue un meuble incorporel..... Attendu que le refus du tribunal à voir dans le fonds de commerce un meuble incorporel, repose sur cette idée chimérique que le mobilier et le matériel industriel compris dans la vente, l'emportent de beaucoup en valeur sur les autres choses vendues, tels que l'achalandage, le nom de l'hôtel et le droit au bail, d'où la conséquence que le caractère juridique à attribuer au fonds de commerce vendu, doit être déterminé par la nature des éléments qui représentent dans la vente la valeur la plus importante, et que ces éléments étant d'une nature purement mobilière, on ne peut qualifier le fonds de commerce vendu de meuble incorporel.

Mais, attendu que cette appréciation du tribunal ne repose sur aucun fondement, et qu'il n'existe pas dans la cause des éléments qui aient permis aux premiers juges

de distinguer entre la valeur du mobilier proprement
dit et les autres articles qui ont fait l'objet des actes
précités ; qu'il n'est pas rare de voir, dans les ventes de
cette nature, comprendre l'achalandage, le nom et le
droit aux baux pour une valeur supérieure à celle du
mobilier industriel ; mais qu'au surplus, l'appréciation
du tribunal est absolument contraire au principe consacré sans contestation par la jurisprudence, qu'un
fonds de commerce, *quels que soient les éléments qui le
constituent*, est un meuble incorporel.

(V. aussi Paris, 24 décembre 1896. D.98.2.23 — 26 février 1895. S. 97.2. 89).

Ainsi, pour la Cour d'appel de Grenoble, un fonds
de commerce est une universalité juridique constituant,
dans tous les cas, un droit incorporel.

Cet arrêt est logique avec lui-même. Du moment que
le fonds de commerce est considéré comme une universalité juridique, il constitue une entité de droit indépendante de ses parties, dont la nature est par suite
nécessairement incorporelle.

La Cour de cassation n'a pas adopté cette doctrine.
Pour elle, le fonds de commerce est bien une universalité juridique, mais cette universalité épouse toute
entière le caractère de son élément principal. Elle est
corporelle ou incorporelle, suivant que les éléments
principaux sont corporels ou incorporels.

C'est à l'occasion du pourvoi exercé contre l'arrêt
de la Cour de Grenoble, que la Cour de cassation a

été amenée à admettre cette doctrine. Son arrêt du
13 mars 1888 ne la consacre pas formellement, mais il
la suppose implicitement.

Tout en confirmant la décision de la Cour de Grenoble,
relative au nantissement d'un fonds de commerce, question que nous n'avons pas encore à envisager, la Cour
de Cassation a restreint à l'espèce proposée le principe
affirmé d'une façon trop générale par la Cour de Grenoble.

Elle n'a statué que pour les fonds de commerce *de la
nature* de celui qui faisait l'objet du litige.

« Attendu, dit-elle, que ledit fonds de commerce
constituait ainsi une universalité juridique composée
d'éléments divers dont les uns, le matériel et le mobilier, étaient des meubles corporels, et dont les autres,
le titre, l'achalandage et le droit au bail avaient le caractère de meubles incorporels ;

« Attendu que la partie essentielle d'un fonds de
commerce *de cette nature* est l'enseigne, l'achalandage
et le droit au bail : que ce sont principalement ces éléments qui le constituent et que le mobilier proprement
dit n'est qu'un instrument de son exploitation ;

« Attendu, d'ailleurs, que l'arrêt attaqué déclare que,
dans l'espèce rien ne permet d'attribuer au mobilier et
au matériel une valeur supérieure à celle des autres éléments du fonds de commerce... ; qu'en jugeant dans ces
circonstances que ledit fonds de commerce, pris dans
son ensemble, était un meuble incorporel, la Cour

de Grenoble n'a violé aucune loi ». (D. 88. 1. 351).

On le voit, la Cour de cassation, tout en posant un principe, a eu soin de ne pas l'étendre au-delà de l'espèce proposée.

Elle ne décide rien pour les fonds de commerce d'une autre nature que celui dont elle s'occupe. Et la simple lecture du dernier « attendu » suffit pour nous conduire à cette conséquence que, *a contrario*, quand les circonstances du fait permettront au juge de décider que la valeur du matériel et des marchandises constitue la partie la plus importante du fonds de commerce, ce dernier devra être considéré comme un meuble corporel.

« Loin de poser un principe général, disent MM. J.-B. Magnier et O. Pruvost. (Du nantissement des fonds de commerce, Paris 1895, p. 23) la Cour a donc plutôt voulu dire que la question dépendait de l'appréciation souveraine du juge du fait et qu'il appartenait à ce dernier de déclarer le fonds de commerce meuble incorporel ou meuble corporel suivant la valeur proportionnelle qu'il pouvait attribuer en fait aux divers éléments constitutifs du fonds ».

Telle est bien d'ailleurs la solution reproduite par plusieurs arrêts. C'est ainsi que les cours d'appel de Lyon (14 mars 1895, S. 97, 2. 89), et de Paris (4 janvier 1896. *ibid.*). et le tribunal civil de la Seine (15 janvier 1895, *ibid.*). — (Voy. encore Paris, 21 juillet 1892, D. 93.2.108 ; — Paris, 6 juin 1896 ; D. 96.2.471 ; —

22 octobre 1896, D. 97.2.343 ; — 24 décembre 1896, D.
98.2.23 ; — 7 août 1899, D. 98.2.437), ont reconnu au
fonds de commerce, malgré la diversité de ses éléments,
une existence et un caractère propres ; ils ont vu en lui
un tout unique, une universalité de droit dont la
nature juridique devait être déterminée d'après ses
éléments essentiels, sans s'attacher au caractère des
éléments accessoires ; cette détermination étant d'ailleurs, une simple question de fait. Par conséquent, si
l'enseigne et l'achalandage se trouvent être les éléments
permanents et principaux d'un fonds de commerce, le
mobilier, l'installation et les marchandises étant de
simples accessoires, les éléments incorporels l'empor-
tant sur les meubles corporels comuniqueront à l'ensemble total du fonds le caractère de meuble incorporel.. Dans l'hypothèse inverse, le fonds sera un
meuble corporel.

Les tribunaux de commerce, et en particulier le tribunal de commerce de la Seine, après avoir commencé
par accepter la doctrine d'après laquelle le fonds de commerce est universalité de droit d'une nature invariablement incorporelle (Trib. comm. de la Seine, 5 juin 1891)
l'ont brusquement abandonnée et leur jurisprudence
est en complet désaccord avec celle des tribunaux civils.
Un jugement du tribunal de commerce de Saint-Étienne,
rapporté par MM. Magnier et Prévost (op. cit, p. 44 et s).
déclare « que la fiction juridique qui assimile un fonds

de commerce à un droit incorporel ne peut empêcher que ce fonds ne soit inséparable des éléments matériels qui font connaître son existence aux tiers.... ».

Toutes ces décisions sont intervenues à propos des nantissements constitués sur les fonds de commerce. Nous verrons, en effet, que la doctrine du fonds de commerce, universalité juridique, avait engendré en cette matière des difficultés insurmontables, et occasionné dans la jurisprudence une véritable anarchie, à laquelle la loi du 1er mars 1898 a eu pour but de remédier.

Pour conclure sur ce point, nous dirons que le fonds de commerce est une chose complexe, en partie corporelle et en partie incorporelle, dans la proportion des éléments corporels et incorporels qui le composent.

V. — Le fonds de commerce est-il un corps certain ?

Les jurisconsultes les plus autorisés soutiennent que le fonds de commerce pris dans son ensemble est un corps certain.

« Il continue de subsister, disent MM. Lyon-Caen et Renault (op. cit. III, n° 242), comme universalité de fait, *universum corpus*, soit par le renouvellement des marchandises, soit par la conservation des objets tels que le matériel, les instruments de fabrication, qui ne sont pas destinés à être vendus ».

« Le fonds, dit encore Troplong (Traité du Contrat de Mariage) est censé ne pas éprouver de changement. Il subsiste à l'égal du troupeau dont les bêtes sont remplacées par d'autres bêtes ».

N'est-ce pas forcer quelque peu le sens des mots que d'attribuer au fonds de commerce le caractère d'un corps certain ? C'est une universalité de fait, dit-on. Donc, ses éléments restent distincts. Prenons les éléments immatériels, par exemple, la clientèle. C'est là un objet incorporel qui ne se consomme pas par le premier usage et que l'usufruitier devra restituer en nature à la fin de l'usufruit ; de même pour le droit au bail, l'agencement, le matériel et le mobilier industriel servant à l'exploitation du fonds ; il ne peut y avoir doute, ce sont des corps certains, au sens propre du mot. Mais, en ce qui concerne les marchandises neuves, qui sont vendues et remplacées et par suite se renouvellent sans cesse dans le magasin, ce sont des choses fongibles, ceci n'est pas douteux non plus. Aussi lorsque son usufruit prendra fin, l'usufruitier, ou ses représentants devront rendre des marchandises de même qualité et valeur ou payer le montant de leur estimation et ne pourront être tenus de rendre en nature les marchandises qu'il a reçues. Le fait du groupement de ces divers éléments qui ne sont pas tous des corps certains pourra-t-il constituer un ensemble qui présentera lui-même le caractère d'un corps certain ? Nous ne l'admettons pas et pensons qu'on ne peut pas plus assigner à ce groupement un caractère unique, qu'on ne peut lui reconnaître une nature homogène. Nous estimons, en conséquence, que les jurisconsultes qui affirment que le fonds de commerce est un corps certain, parce qu'il est individualisé dans l'esprit des parties, spécialement par le local dans lequel il est exploité et le matériel qui sert à son exploitation, font une application trop hardie de la théorie de l'accessoire et que la solution qu'ils adoptent est un peu forcée, Elle ne trouve d'ailleurs, d'appui dans aucun texte de loi.

Les auteurs qui admettent que le fonds de commerce est un corps certain, en concluent qu'il peut faire l'objet d'un usufruit véritable et non seulement d'un quasi-usufruit, de sorte que l'usufruitier n'en devient pas propriétaire pendant la durée de son usufruit et par suite ne peut le vendre. A l'extinction de l'usufruit le fonds doit être restitué en nature.

Cette solution, qui est consacrée par la jurisprudence (cass., 13 décembre 1842. S. 43.1.33. Aix, 12 mars 1878. S. 78. 2, 265, cass., 26 février 1894. S. 95.1.102) nous paraît faire trop bon marché de ce qui se passe dans la réalité. Il est préférable, selon nous, de reconnaître que l'usufruit affecte un caractère différent, suivant l'objet sur lequel il porte, et de décider que c'est un quasi-usufruit en ce qui concerne les marchandises et un usufruit proprement dit quant à la clientèle, au droit au bail et au matériel. Telle est aussi l'opinion soutenue par M. Wahl (note 4, cass., 26 février. S.

95.1.102) : « Il importe peu, dit-il, que les marchandises fassent partie d'une universalité juridique qui, dans son ensemble donne lieu à un usufruit véritable, si elles-mêmes (les marchandises) elles sont sujettes, par leur nature, à un quasi-usufruit. » M. Wahl admet donc que, même si le fonds de commerce est considéré comme une universalité juridique, il ne faut pas en conclure qu'il est, dans son ensemble, sujet à un usufruit proprement dit. Une succession est une universalité juridique et cependant les denrées et les deniers qu'elle comprend donnent lieu à un quasi-usufruit.

Les mêmes auteurs qui regardent le fonds de commerce comme un corps certain, susceptible par conséquent dans tout ensemble, d'un usufruit proprement dit, sont amenés à conclure qu'en cas de faillite de l'usufruitier, le nu-propriétaire doit se présenter à la faillite non point comme créancier et propriétaire, mais uniquement à ce dernier titre. Cette conclusion logique est de nature à porter une très grave atteinte aux intérêts du nu-propriétaire.

V. — Définition du Fonds de commerce

Après avoir ainsi déterminé les caractères du fonds de commerce, il nous reste à définir celui-ci :

Le législateur qui a consacré l'expression Fonds de Commerce dans la loi fiscale du 28 février 1872 et dans

la loi du 1er mars 1898, n'en a pas délimité la portée.
Il n'existe pas de définition légale et par suite, c'est à
l'usage seul qu'il faut avoir recours pour fixer le sens
de cette expression. L'usage, il est vrai, peut varier suivant les différents pays et les divers genres de commerce ; il peut n'être pas le même au nord qu'au midi,
et il diffère certainement suivant qu'il s'applique à un
commerce en boutique où à un commerce forain, mais
néanmoins on peut trouver une définition qui réponde
à la conception générale du fonds de commerce.
M. Thézard, rapporteur au Sénat de la loi du 1er mars
1898 sur le nantissement des fonds de commerce, paraît avoir adopté la définition donnée du fonds de commerce par M. G. Maillard dans le Répertoire encyclo-
pédique de Droit Français de M. Labori, au mot « Fonds
de commerce » dont voici le texte entier :

« Le Fonds de commerce est l'ensemble des éléments
« qui constituent à l'égard des tiers, la personnalité
« d'un établissement commercial ou industriel et ser-
« vent à son exploitation. La réalité, l'essence du fonds
« de commerce, c'est l'achalandage avec, le plus sou-
« vent, la désignation sous laquelle l'établissement est
« connu, les marques qui caractérisent ses produits,
« d'une façon générale, tout ce qui le distingue pour la
« clientèle et la rattache à lui, Le matériel d'exploitation
« est d'ordinaire compris dans le fonds, mais il n'en
« est qu'un élément accessoire et séparable. On s'ima-

« gine même des fonds de commerce sans matériel et
« réduits simplement à la clientèle. Il en est ainsi pour
« certains intermédiaires qui exercent le commerce
« dans leurs appartements.

« Les marchandises en cours de fabrication ou prêtes
« pour la vente font, en principe, corps avec le fonds ;
« mais elles ne pourraient être confondues avec lui :
« l'article 17 de la loi du 28 février 1872 les a différen-
« ciées nettement pour l'application des droits de mu-
« tation. »

Le rapporteur de la loi au Sénat, s'est donc approprié, dans son intégralité, la définition proposée par
M. Maillard.

Il eut été mieux inspiré en bornant son emprunt à la
première phrase, qui seule répond au sens général de
notre expression. Les phrases suivantes qui n'ont d'autre
objet que d'interpréter la première, rendent celle-ci
vague au lieu de l'expliquer. Les éléments qui constituent un fonds de commerce sont variables et différents
suivant le genre de commerce et il serait chimérique
de rechercher une formule simple et précise dans laquelle rentreraient toutes les hypothèses. La composition hétérogène et variable du fonds de commerce
s'oppose absolument à le découverte d'une telle formule.

C'est pourquoi nous considérons que la définition
inventée par M. Maillard, satisfaisante dans son sens
général, peut être adoptée, à la condition d'en retrancher

tout ce qui n'y figure qu'à titre d'interprétation. Nous retiendrons donc seulement la première phrase en rejetant le surplus comme un hors-d'œuvre et nous obtiendrons la définition suivante, à laquelle on pourra sans doute reprocher de n'être pas explicite (nous venons d'expliquer pourquoi elle ne peut l'être), mais qui a, du moins, les qualités essentielles d'une définition c'est-à-dire d'être simple et brève en même temps que générale :

Le fonds de commerce est l'ensemble des éléments qui constituent à l'égard des tiers la personnalité d'un établissement commercial ou industriel et servent à son exploitation.

Bien que nous refusions de reconnaître à l'ensemble des éléments qui composent un fonds de commerce, le caractère d'universalité juridique, nous ne pensons pas cependant qu'il en résulte que ces éléments réunis ne puissent faire l'objet d'un contrat unique, sous la dénomination *de fonds de commerce* consacrée par la loi. Il n'est pas douteux qu'un fonds de commerce peut être donné, échangé, loué, vendu et aussi, mais seulement, à notre avis, depuis la loi du 1ᵉʳ mars 1898, *donné en gage*, ou plutôt *hypothéqué*.

Nous nous proposons d'étudier successivement les deux contrats principaux dont les fonds de commerce peuvent faire l'objet : *La Vente et le Nantissement*.

C'est, du reste, à l'occasion de ces deux contrats, surtout du second, qu'a été soulevée et débattue la

question relative à la nature juridique du fonds de
commerce et c'est pourquoi nous avons voulu la résoudre avant d'aborder l'étude projetée.

CHAPITRE II

I. — Multiplication des Ventes de fonds de commerce

Les ventes de fonds de commerce sont devenues infiniment plus fréquentes qu'à l'époque de la rédaction du Code de commerce. Au début de ce siècle, en effet, les établissements commerciaux étaient en quelque sorte des patrimoines de famille que les générations se transmettaient religieusement les unes aux autres ; on sortait à peine du régime économique qui maintenait dans les familles les biens patrimoniaux, et l'influence des vieilles traditions se faisait encore profondément sentir.

Une maison de commerce se transmettait généralement de père en fils, et lorsqu'elle était cédée ou vendue, c'était presque toujours à des parents ou à des amis, en qui on voyait de dinges héritiers de la réputation commerciale de l'établissement. Cette préoccupation de conserver les biens dans les familles, avait conduit l'ancienne législation coutumière de la France à immobiliser les fonds de boutique ou de commerce comme elle avait immobilisé les rentes et les offices ; ils étaient regardés généralement comme des immeubles fictifs.

Un arrêt du Parlement de Besançon, du 31 août 1644, décide « que les marchandises qui composent un fonds de boutique forment un seul tout, et ce tout forme une universalité qui devient un immeuble ficiif... » (V. Lyon-Caen et Renault). Il est vrai que les Parlements n'étaient pas tous d'accord sur ce point, et le Parlement de Besançon, lui-même, s'était déjugé par un arrêt en date du 21 juillet 1781, qui rangeait un fonds de boutique parmi les biens meubles. Aujourd'hui, la loi ne se préoccupe plus autant de conserver les biens dans les familles, et du reste, les mœurs modernes sont en cela d'accord avec la loi. L'ancien fonds de boutique, patrimoine de famille, est devenu le fonds de commerce, simple instrument de lucre. Aussi l'usage est-il de l'abandonner dès qu'on ne plus le faire valoir utilement et qu'on en a retiré tout le profit désiré ou pos sible.

Il arrive encore, à la vérité, que les fils prennent la suite des affaires de leurs pères, mais c'est une habitude qui tend à disparaître. La plupart du temps, ils embrassent une carrière ou font un métier différent.

A cette considération s'en ajoute encore une autre. Jadis, ce n'était pas trop d'une vie entière pour réaliser une modeste aisance, aujourd'hui la lutte pour la vie est devenue beaucoup plus âpre, et l'on veut faire plus rapidement fortune. Les conditions économiques ont changé de telle sorte, que les relations commerciales embrassent un rayon beaucoup plus vaste ; l'aléa des bénéfices marche de pair avec leur accroissement. Il en résulte que les maisons de commerce restent moins longtemps dans les mêmes mains, elles font, par suite, l'objet de transactions bien plus fréquentes. Les choses en sont venues à ce point, que certaines personnes font métier de l'achat et de la revente, à bénéfices, de fonds de commerce. C'est ainsi qu'un même commerçant peut devenir dans un espace de temps relativement court, successivement propriétaire de plusieurs établissements commerciaux différents.

Enfin, la facilité (beaucoup plus grande qu'autrefois) des communications et des transports, a fait affluer vers les villes une population qui va s'accroissant sans cesse, et le champ des découvertes industrielles, s'étant démesurément développé, a entraîné une activité commerciale jusqu'alors inconnue.

Il est dès lors aisé de comprendre, pourquoi les ventes de fonds de commerce sont devenues de nos jours aussi fréquentes. La multiplicité de ces ventes a eu pour effet de les rendre plus hasardeuses. Aujourd'hui, le vendeur d'un fonds de commerce ne connaît pas son acheteur. Il le voit souvent pour la première fois. La confiance dans les transactions en reçoit, par là même un contre coup inévitable.

Si l'on ajoute que les ventes de fonds de commerce sont pour la plupart des contrats compliqués, que les commerçants sont rarement aptes à rédiger eux-mêmes au mieux de leurs intérêts, on s'expliquera aisément qu'il se soit formé une classe nouvelle d'intermédiaires, connus sous le nom de « marchands de fonds », sortes de courtiers, dont la profession consiste à rapprocher les parties et généralement à rédiger les actes de vente, lorsque les contractants n'ont pas recours a l'office d'un notaire. Ces agents d'affaires sont aujourd'hui très nombreux dans les grandes villes, là où le vendeur et l'acheteur sont le plus souvent étrangers l'un à l'autre, et leur utilité ne saurait être sérieusement contestée.

Il est vrai que beaucoup de ces marchands de fonds sont trop souvent peu scrupuleux et que malgré leur ignorance complète du droit, ils s'occupent plus ou moins d'affaires contentieuses. Mais leur profession n'a rien en elle-même de répréhensible et pourrait même faire, de la part du législateur, l'objet d'une réglementation qui, en la relevant aux yeux du public, les mettrait à même de rendre au monde du commerce des services beaucoup plus grands. (Pélissier, des conditions de validité d'une vente de fonds de commerce et du rôle de l'intermédiaire dans cette vente. Thèse, Paris 1898. 2ᵉ partie),

Lyon-Caen et Renault. Droit commercial. Tome III, n° 287 *bis*.

Nous ne nous appesantirons pas sur ce sujet qui sort du cadre de cette étude.

II. — L'achat et la vente d'un fonds de commerce sont-ils des actes de commerce ?

Nous passons maintenant à l'étude de la vente du fonds de commerce considérée en elle-même.

La première question à résoudre est celle de savoir si l'achat et la vente d'un fonds de commerce sont ou non des actes de commerce ? Cette question a fait jusqu'à ces derniers temps l'objet d'une vive controverse, et elle est aujourd'hui résolue presque unaniment dans le sens de la commercialité.

Mettons d'abord à part un cas sur lequel le doute n'est pas permis, et qui par suite, n'offre matière à aucune discussion. C'est celui dont il a été question plus haut, de l'achat d'un fonds de commerce opéré dans le but de le revendre. Ici tout milite en faveur de la commercialité de l'acte ; il rentre dans une des catégories d'actes auxquels l'article 632, § 1er, C. comm., reconnaît formellement le caractère d'actes commerciaux.

Le fonds de commerce n'est plus considéré comme un instrument d'exploitation, il devient une véritable marchandise faisant l'objet d'une spéculation, puisque nous avons vu qu'il était un meuble ; la caractéristique de l'acte commercial est bien d'être un acte de spéculation ; nous sommes donc en présence d'une opération ayant pour objet l'achat d'un meuble dans le but de le revendre, opération rentrant textuellement dans les termes de l'art. 632 § Ier. — Un autre cas où l'acte est certainement commercial, c'est lorsqu'il a pour objet unique et séparé, les marchandises.

Où les auteurs et la jurisprudence elle-même se sont divisés, c'est lorsqu'il s'est agi de déterminer la nature civile ou commerciale du fonds de commerce au cas où l'acheteur se propose, non plus de le revendre, mais de *l'exploiter*.

Trois systèmes ont été soutenus :

Le *premier* voit dans l'achat du fonds de commerce un acte purement civil. Et l'argumentation sur laquelle il repose consiste à dire « que l'acte ne rentre pas dans les prévisions limitatives de l'art. 632. La loi commerciale est une loi d'exception et il faut se garder de l'étendre, par des raisons d'analogie. Or, l'achat du fonds de commerce est fait non point pour le revendre, mais simplement en vue de son exploitation. Celui qui le vend ne l'avait pas acheté dans ce but : peut-être l'a-t-il créé ; l'acheteur n'a pas l'intention de le revendre. Le premier n'est plus commerçant, le second ne l'est pas encore ». (Lyon-Caen et Renault n° 175.) Sans doute, l'acheteur peut avoir l'intention de revendre ce fonds plus tard, lorsqu'il se retirera des affaires, où s'il trouve l'occasion d'une entreprise plus avantageuse ; mais ce n'est pas là le but actuel et immédiat de sa spéculation. Ce qu'il veut, c'est entreprendre lui-même le commerce qui fait l'objet du fonds. Il est bien vrai que son intention est

de se livrer à des actes de commerce, mais l'achat du
fonds qui réalise cette intention n'est pas en lui-même
un acte commercial. La clientèle, l'enseigne, la marque,
l'installation ne sont pas achetées pour être revendues ;
la cession du droit au bail n'est qu'une sous-location
d'immeuble ; quand aux marchandises neuves, bien
que destinées à être revendues, elles ne sont que l'accessoire du fonds et leur acquisition ne modifie en rien
la nature de l'acte qui porte sur l'achat du fonds tout
entier et qui revêt le caractère d'acte purement civil.

Le second système distingue. Il recherche d'abord
quel est l'objet principal du contrat. Adoptant l'opinion
que nous avons déjà signalée, et d'après laquelle la
nature juridique du fonds de commerce, varie suivant
l'importance respective de ses éléments corporels et
incorporels, il établit une distinction dans ce sens.

Est-ce le fonds lui-même envisagé dans son ensemble
qui est l'objet de la vente, ou bien a-t-on voulu traiter
principalement sur les marchandises ? Dans le premier
cas, les marchandises ne sont dans l'esprit des contractants, qu'un accessoire du fonds, et l'achat est un acte
civil ; dans le second cas, si l'on a eu en vue les marchandises, l'acte est commercial, conformément à la règle
qui veut que l'accessoire suive le sort du principal.

Cette distinction est très subtile, et on ne voit pas
bien comment elle peut fonctionner, si un prix unique
a été stipulé pour le tout par les parties. Ce n'est que

lorsque des prix séparés figurent au contrat pour les marchandises et pour les autres éléments du fonds, qu'elle est pratiquement susceptible d'application.

Enfin, dans le troisième système, l'acte est commercial dans tous les cas. C'est celui qui est le plus généralement adopté. Le premier système soutient que l'acte, *considéré en lui-même* n'est pas commercial. Admettons-le un instant. Ne le devient-il pas par ce seul fait qu'il est intimement lié à l'exercice d'un commerce? La loi ne répute pas seulement actes de commerce, ceux qui sont tels *par leur nature*, comme l'achat pour revendre, les entreprises de manufacture et de transport, mais encore tous les actes qui sont faits par un commerçant, dans l'intérêt de son commerce.

A ce titre, beaucoup d'actes étrangers à l'énumération de l'article 632 et qui seraient civils, si on les envisageait en eux-mêmes, deviennent commerciaux par ce seul fait qu'ils émanent d'un individu commerçant. C'est ce qu'on appelle la théorie de l'accessoire. « Ce ne sont pas seulement, dit M. Thaller (2ᵉ édit., n° 60), ces opérations principales spécifiées dans l'article 632, qui sont commerciales pour le commerçant, la même qualité s'étend à toutes les opérations qui facilitent, qui secondent son commerce, à toutes celles en un mot, qui ont ce commerce pour objet. »

Nous n'avons qu'à nous emparer de cette théorie pour en faire la base de la commercialité de la vente du fonds de commerce. Qu'importe que les marchandises soient

ou ne soient pas l'objet principal du contrat. Il ne
s'agit pas de savoir si l'acte est ou non commercial de
sa nature ; j'admets qu'il soit civil ; il n'en devient pas
moins commercial en vertu de la théorie de l'accessoire.
C'est un acte fait par deux commerçants pour les
besoins de leur commerce, cela suffit pour qu'il soit
commercial.

Mais, dit-on, les contractants ne sont pas commerçants : le vendeur a cessé de l'être et l'acheteur ne l'est
pas encore. Étrange affirmation, en vérité. Comment !
voilà un individu qui achète un fonds, cet achat, on ne
peut le nier, est essentiellement un acte qui a le commerce pour objet, et cet individu ne ferait pas acte de
commerce, il ne serait pas encore commerçant ?

Un commerçant vend son fonds, et cet acte se rattache
incontestablement à son commerce, et cet acte lui enlè-
verait la qualité de commerçant ? Comme le disent si
justement MM. Lyon-Caen et Renault. « Il serait difficile de trouver une opération plus empreinte de commercialité, rentrant davantage dans les aptitudes des
tribunaux de commerce. Les usages du commerce servent le plus souvent à déterminer les obligations res-
pectives de l'acheteur et du vendeur. Au lieu de dire
que l'acheteur n'est pas encore commerçant et que le
vendeur ne l'est plus, il vaut mieux dire que l'acheteur
fait le premier acte et le vendeur le dernier de sa vie
commerciale. » (op. cit., no 175). Nous disons même
qu'au point de vue de sa nature intrinsèque, l'acte est

commercial. La loi range dans la catégorie des actes de commerce, les entreprises de manufactures, commissions, transports, fournitures, agences, bureaux d'affaires, c'est-à-dire tout ce qui constitue un ensemble d'opérations commerciales. Tout individu qui fonde un établissement de ce genre fait un acte de commerce, à supposer même que l'établissement n'eût pas encore fonctionné. Comment alors refuser le caractère d'acte de commerce à l'achat d'un pareil établissement ? L'acheteur continue l'entreprise, il est commerçant dès l'instant où il prend la suite des affaires, c'est-à-dire dès le moment où il achète.

On dit que le fonds est acheté pour être exploité et non pour être revendu. Cet argument est facilement refuté « Qu'est-ce donc, dit Orillard (De la compétence des tribunaux de commerce, n° 261), que l'exploitation d'un fonds de commerce, sinon la vente en détail de marchandises achetées en bloc, sinon encore l'exécution par le cessionnaire des opérations commerciales commencées par le cédant ?

Exploiter un fonds de commerce qu'on a acheté, c'est continuer le commerce du vendeur en son lieu et place. Rien n'est donc plus commercial que cette exploitation ».

Massé (Droit commercial, t. II, n° 1390) exprime la même idée « c'est l'achat pour revendre la chose achetée qui constitue l'acte de commerce. Or, celui qui achète un fonds de commerce pour l'exploiter, fait-il

autre chose que se proposer de le revendre en détail ?
Qu'est-ce que l'exploitation d'un fonds de commerce,
sinon la réalisation journalière et en détail des bénéfices qu'on s'est proposés en l'achetant, et la revente
partielle du fonds qui s'épuiserait bientôt si le marchand ne savait pas entretenir l'achalandage, en soutenir la vogue et la faveur par son adresse et son industrie ? L'achat fait en vue d'un exploitation, c'est-à-
dire en vue d'une revente et d'une recomposition
journalière est donc un acte qui renferme tous les caractères légaux de l'acte de commerce et auquel on ne
peut refuser ces caractères que par un oubli des principes les plus élémentaires du droit commercial.

Et l'acte est commerciel aussi bien pour l'acheteur
que pour le vendeur. A l'égard de ce dernier, le doute
n'est pas possible, cet acte est intimement lié à l'exercice de sa profession, il a son commerce pour objet, et,
pour employer une heureuse expression de MM. Lyon-
Caen et Renault « Il en est la conclusion dernière ».
(Contra-Massé. Droit commercial, tome II, n° 1390).

A l'égard de l'acheteur, l'acte est généralement commercial. De deux choses l'une ; ou il est déjà commerçant
lorsqu'il achète le fonds, — il exerçait un commerce similaire que cet achat va contribuer à développer — et
l'acte est indubitablement commercial ; ou bien l'acheteur débute dans le commerce, il n'est pas encore commerçant, ou encore le fonds acheté par lui a pour objet un
autre commerce que celui auquel il se livrait, et on peut

encore dire que l'acte est commercial en vertu de la
théorie de l'accessoire.

Il est très admissible que l'accessoire précède le principal. « Il serait singulier de reconnaître à une même
opération faite dans un même but, des caractères différents, selon la date à laquelle elle est faite ». (Lyon-
Caen et Renault).

Cet argument a été critiqué. Si l'achat d'un fonds de
commerce en vue d'une exploitation non encore com-
mencée est un acte de commerce, ce n'est pas, a-t-on
dit, parce que cet achat et cette exploitation ont entre
eux un rapport de chose accessoire à chose principale,
dans le sens de l'art. 632 § 6, mais un rapport de *cause à
effet*, « et une identité de nature qui les rend toutes
deux manifestement étrangères à la vie civile de l'acheteur devenu commerçant par suite d'une acquisition
tombée, sans aucun doute, dans son patrimoine commercial ». (Dall. suppl. I. V° Acte de commerce).

La jurisprudence a été jusqu'à ces derniers temps
fort incertaine ; non seulement sur le caractère de l'a-
chat, mais encore sur celui de la vente d'un fonds de
commerce. Un arrêt de la Cour de Paris (Rapporté au
Rep. de Dalloz. t. II. v° Acte de com. n° 60) fait de cette
vente un acte purement civil même de la part du vendeur ; et au contraire, deux arrêts de cette même cour,
du 11 août 1829 et du 15 juillet 1831 y voient un acte
commercial. (Dalloz, ibid, n°ˢ 63 et 65).

Quant à l'achat, il a été déclaré acte civil, lorsque

l'acheteur n'était pas encore commerçant au moment du
contrat. (Paris 23 avril 1828, 12 mars 1829, 19 novembre 1830, 13 novembre 1832 et 18 août 1834. Rouen,
6 février 1840, Paris, 2 janvier 1843) ; d'autres arrêts
lui ont reconnu, au contraire, le caractère commercial :
(Paris, 11 août 1829, Nîmes, 27 mai 1829, Paris,
12 avril 1834, 7 août 1832 ; cass. 7 juin 1837, Paris
12 septembre 1838 ; 31 décembre 1839 et 18 novembre 1842, Orléans 20 décembre 1842, Paris 15 mai 1844,
Montpellier 19 novembre 1852, D. 55, 5, 8) (1).

La Cour de cassation, pour apprécier la commercialité de l'achat d'un fonds de commerce fait la distinction que nous avons exposée avec le 2e système : ou la
valeur des marchandises dépasse de beaucoup la valeur
du fonds, ou elle lui est inférieure, et les marchandises
peuvent, à raison de leur peu d'importance relative,
être réputées, *l'accessoire* de ce fonds. Dans le premier
cas, l'acte est commercial, dans le second cas, il est
civil. (Rég. 8 mars 1880. D. 81. 1. 261). Cass. 7 juin 1837.

Un arrêt de la chambre des requêtes du 24 avril 1861.
D. 61. 1. 256) pose en principe « que l'achat d'un fonds
de commerce pour l'exploiter n'est pas, en lui-même,
un acte commercial, surtout lorsqu'il n'émane pas d'un
individu déjà commerçant, et n'a, dès lors, pour but

---

(1) Un arrêt de la Cour de Paris, du 23 janvier 1840 a jugé que
la cession du droit au bail, faite avec la vente d'un fonds de commerce, mais comme opération distincte et par écrit séparé, n'était
pas un acte de commerce.

que l'exercice d'un *commerce futur*. De là elle conclut que cet achat ne doit pas être regardé comme le premier des actes constitutifs de la profession de commerçant. Donc, s'il est fait par un mineur, la validité n'en est pas subordonnée à l'accomplissement des formalités prescrites par l'article 2 du Code de Commerce pour habiliter le mineur à faire le commerce ; et, par suite, l'achat dont il s'agit est valable dès qu'il a été fait par le mineur émancipé assisté de son curateur.

Cette conséquence que la Cour de cassation a tirée de la distinction établie par elle semble bien être la condamnation du système. En effet, le mineur émancipé serait capable d'acheter un fonds de commerce avec la seule autorisalton de son curateur, puisque l'achat est un acte civil ; et, malgré cela, il ne pourrait l'exploiter que sous les conditions spéciales prescrites par l'article 2 du Code de Commerce. Il aurait donc fait une acquisition valable sans pouvoir la mettre à profit.

Aujourd'hui, la jurisprudence des Cours d'appel, et cela, depuis un arrêt de la Cour de cassation du 23 mars 1891 (Thaller. Annales du dr. commercial 1891. p. 74) est définitivement fixée dans le sens de la commercialité, l'achat d'un fonds de commerce se rattachant à l'exploitation commerciale de ce fonds, et en étant, en quelque sorte, le point de départ. Bordeaux, 14 novembre 1848 ; D. 49. 2. 118 ; — Paris, 20 juin 1849, D. 50. 2. 58 ; Paris, 12 novembre 1849, D. — Orléans, 25 juin 1850, D. 52. 2. 74 ; — Lyon,

15 mars 1856, D. 56. 2. 201 ; — Paris, 18 janvier 1862,
D. 62. 5. 7) Voy. encore Orillard, op. cit. t. II, nᵒˢ 184
et 197 ; — Massé, Dr commercial, 2ᵉ édit. t. II, nᵒ 1390.
Boistel, précis 41, etc.)

Il reste donc acquis que l'achat et la vente d'un fonds
de commerce sont des actes commerciaux en vertu de la
théorie de l'accessoire. L'acheteur se constitue commerçant et le vendeur fait le dernier acte de son exploitation commerciale. La théorie de l'accessoire repose
donc sur l'intention de l'auteur de l'acte. Il suit de là
que celui qui achète un fonds de commerce, dans le but,
non pas de l'exploiter, mais de le donner à une autre
personne ou de le consacrer à des expériences scienti-
fiques, ne fait pas acte de commerce. (Alauzet commen-
taire du C. de com. 2ᵉ édit. t. VIII, nᵒ 2968). Contra :
Rouen, 25 janvier 1877. D. 78.2.42). De même lorsqu'une
personne vend un fonds de commerce qu'elle a recueilli
dans une succession, sans l'intention de continuer le
commerce. (Cass. 21 juillet 1873. S. 73.1.446). Au contraire, si elle achète, dans l'intention de le fermer, un
fonds de commerce qui lui faisait concurrence, l'acte
sera commercial.

Quid de la dation en payement d'un fonds de commerce ?

La dation en paiement a pour but l'extinction d'une
dette, et elle emprunte à cette dernière son caractère.
Elle est civile, si la dette à éteindre est civile, commer-

ciale, si la dette est commerciale. (Amien, 30 juillet 1839, Dall. Rep. II. V° acte de com.. n° 67).

III. Application à la vente des fonds de commerce des règles générales de la vente commerciale

A. Règles applicables aux ventes de fonds de commerce

Nous avons à examiner maintenant quelles sont les règles applicables aux ventes de fonds de commerce.

Il s'agit ici de ventes commerciales, ainsi que nous venons de le démontrer. Donc les règles qui régissent la vente commerciale sont applicables aux ventes de fonds de commerce.

Le Code de commerce n'a consacré aux achats et ventes qu'un titre (titre VII du livre 1er), et ce titre ne renferme qu'un seul article, l'article 109. Il n'y est question de la vente que pour indiquer les modes de preuve au moyen desquels la vente commerciale peut se constater. On admet, du reste que cet article s'applique à tous les contrats autres que la vente elle-même. Le Code de commerce est muet sur les conditions de validité de la vente et sur les conséquences qui en dérivent.

Le droit commercial étant regardé comme un droit exceptionnel, c'est au droit commun, au Code civil, qu'il faut revenir toutes les fois qu'il n'y a pas été dérogé par une disposition expresse du Code de commerce. Celui-ci ne s'étant pas expliqué sur la nature et les effets des contrats, le code civil conserve son autorité, comme s'il s'agissait d'une matière civile proprement dite. C'est donc au titre *des contrats ou des obligations conventionnelles en général* et au titre *de la vente,* que nous trouverons les règles formant la base de la matière. De plus, des règles particulières ont été établies par la loi du 13 juin 1866, qui a consacré un certain nombre d'usages commerciaux. Enfin, les simples usages tiennent dans les relations commerciales une place très importante, les parties contractantes sont censé y avoir adhéré toutes les fois qu'elles n'y ont pas expressément dérogé : ce sont donc, en quelque sorte des conventions tacites qui obligent les parties, lorsqu'elles ne contreviennent pas à des lois d'ordre public.

Il ne nous appartient pas de signaler ici toutes les différences qui existent entre la vente civile et la vente commerciale, nous voulons parler seulement des règles qui s'appliquent à la vente des fonds de commerce.

B. Conditions de validité du contrat.

Néanmoins, comme la vente ou cession d'un fonds de commerce est soumise, ainsi que nous l'avons dit, à toutes les règles générales de la vente commerciale, quant à sa nature, sa forme, son objet, la capacité des

parties et les obligations qui en résultent, nous indi-
querons rapidement celles de ces règles qui ne sont pas
spéciales exclusivement à la matière traitée par nous,
et qui ne la régissent que par suite des principes généraux.

C'est ainsi que cette vente requiert pour sa validité
les quatre conditions posées par l'article 1108.

Le libre consentement des parties,

Leur capacité de contracter,

Un objet certain,

Une cause licite.

C. Consentement des parties.

Le consentement des parties contractantes est à la
base même du contrat; sans lui, le contrat n'existerait
pas. C'est le principe fondamental pour toute espèce de
convention. La vente est parfaite, dès que l'acheteur et
le vendeur se sont mis d'accord sur la chose et sur le
prix (art. 1583). Et pour déterminer à quel moment cette
entente a eu lieu, on applique les principes ordinaires
du droit sur la formation des contrats entre présents et
absents, par correspondance ou par intermédiaire.

Le consentement ne doit être entaché d'aucun vice,
il exclut, comme tous les contrats, le dol, la violence et
l'erreur (1).

(1) On distingue entre le dol principal et le dol incident. Le

*D. Capacité des parties. Mineur, femme mariée, inter-
dit. Incapacité spéciales à certaines professions.*

Les parties contractantes doivent avoir la capacité
générale de contracter et être maîtresses de leurs droits.
En outre, comme l'achat et la vente d'un fonds de commerce, sont des actes de commerce on doit en conclure
que les parties doivent être capables de faire un acte de
cette nature.

Voyons donc successivement les catégories de personnes pour lesquelles la loi a édicté des incapacités
de contracter.

Premièrement. Le mineur. — La capacité du mi-

premier est une cause de nullité du contrat, le second donne simplement ouverture à une action en dommages-intérêts contre l'ac-
teur ou le complice du dol (art. 1832, C. civ.) La Cour de cassation
a fait application de ces principes dans un arrêt du 15 février 1898.
(D. 98 1.192). Lorsque l'acheteur d'un fonds de commerce n'a
pas été exactement renseigné sur le chiffre d'affaires de ce fonds
et a été trompé sur sa véritable valeur, les juges peuvent maintenir la vente et réduire le prix. Cette réduction du prix étant la
forme la plus naturelle et la plus normale d'allouer des dommages-
intérêts. S'il en était autrement, en effet, l'acheteur payant son
prix et demandant ensuite des dommages-intérêts, non seulement,
il y aurait deux instances, mais l'acheteur risquerait de ne rien
obtenir en fait, par suite de l'insolvabilité du vendeur.

La Cour de Cassation a annulé, comme viciée d'erreur sur la
substance, une vente de fonds de commerce, dans laquelle le
cédant avait indiqué pour le droit au bail, un prix inférieur au
prix réel, alors que cette erreur avait déterminé l'acheteur à contracter. (Req. 4 août 1875. Dall. suppl. XVIII, n° vente).

neur varie, suivant qu'il a été autorisé ou non, à faire
le commerce conformément à l'article 2 du Code de
commerce.

Première hypothèse. Le mineur est autorisé, articles 2
et 3 du Code de commerce. Alors, suivant l'article 487,
il est réputé majeur pour les faits relatifs à son commerce, et d'après l'article 1308, il n'est point restituable
contre les engagements qu'il a pris à raison de ce même
commerce.

Donc, le mineur pourra, absolument comme un individu majeur, acheter et vendre un fonds de commerce.

Si l'autorisation qui l'habilite à faire le commerce est
conçue en termes généraux, il pourra acheter toute
espèce de fonds, si l'autorisation est restreinte à un
genre de commerce déterminé, il ne pourra acquérir
qu'un fonds ayant pour objet ce commerce spécial.
L'achat et la vente d'un fonds de commerce étant, d'après
ce que nous avons dit, un acte éminemment commercial, la capacité du mineur relativement aux actes dont
nous parlons, ne fait aucun doute.

Le fonds de commerce, nous l'avons vu, comprend
des valeurs incorporelles. Or, la loi du 27 février 1880,
ne permet la vente des meubles incorporels appartenant à des mineurs, même émancipés, qu'à la condition
d'observer certaines formalités ; dès lors, le mineur
commerçant ne devra-t-il pas s'y conformer pour vendre son fonds de commerce ? La négative est admise,

la loi de 1880, ainsi qu'il résulte d'ailleurs des débats auxquels elle a donné lieu à la chambre, ne s'applique pas aux mineurs autorisés à faire le commerce, dont la capacité est déterminée par les textes que nous avons cités. Par conséquent, bien que le fonds de commerce soit un meuble en partie incorporel, le mineur pourra le vendre seul comme le ferait un majeur. (Trib. civ. de la Seine, 3 février 1886. La loi du 26 février 1886).

Deuxième hypothèse : le mineur n'a pas été régulièrement habilité. Dès lors, s'il a acheté un fonds de commerce pour l'exploiter, l'achat est sujet à nullité suivant l'art. 1125, C. civ. c'est-à-dire que le mineur pourra le faire annuler, sans qu'il soit d'ailleurs obligé de justifier d'une lésion quelconque (arg. art. 1314). La nullité est d'ailleurs relative et toute dans l'intérêt du mineur, la personne qui a contracté avec lui ne peut s'en prévaloir si le mineur trouve intérêt à maintenir l'opération.

On a pourtant soutenu que l'acte fait par le mineur non autorisé, bien que nul en tant que commercial, pouvait valoir comme acte civil ; d'où cette conséquence que, pour en obtenir l'annulation, il faudrait faire la preuve de la lésion. (Cass. 21 août 1882. S. 83. 1. 113 ; Paris, 17 décembre 1885. S. 86. 2. 37).

Ainsi, la seule sanction de l'art. 2 du C. de com. consiste, d'après ce système, en ce que les actes du mineur ne sont pas réputés commerciaux, mais l'art. ne fait pas obstacle à l'application des règles du droit civil, en

ce qui concerne la lésion, celle-ci étant nécessaire pour
autoriser l'annulation des actes faits par le mineur.
C'est oublier que lorsque des formalités spéciales sont
exigées par la loi dans l'intérêt du mineur, le défaut
d'accomplissement de ces formalités rend l'acte nul, et
que la rescision pour cause de lésion est admise seulement pour les actes qui peuvent être faits par le tuteur
seul, ou par le mineur émancipé assisté de son curateur.

L'achat la vente d'un fond de commerce étant des
actes commerciaux, ne peuvent être faits que par un
mineur autorisé suivant les formalités des art. 2 et 3.
C. Com. Si du reste, on considérait l'acte comme
civil, on dénaturerait l'opération, qui, dans l'intention
du mineur, était commerciale.

Le mineur, au lieu d'entreprendre un commerce, peut
recueillir un fonds de commerce dans une succession,
par exemple, c'est un commerçant qui meurt, à la tête
d'un établissement prospère et qui laisse un héritier
mineur.

Supposons que ce dernier ne puisse continuer le
commerce de son père, soit parce qu'il n'a pas encore
atteint l'âge de 18 ans, soit parce qu'il n'a pas la capacité de l'exploiter (il est fou). Va-t-il falloir vendre l'établissement? Mais il faut pour cela que le conseil de
famille en autorise l'aliénation (L. 27 février 1880). Si
le conseil de famille refuse, l'exploitation du fonds est
compromise.

La loi française n'autorise pas le tuteur à continuer l'exploitation jusqu'à la majorité, car on ne peut exercer un commerce sous le nom d'autrui.

Que fera-t-on ? Si le mineur à encore son père ou sa mère, ce sera le survivant des deux qui, en vertu de son usufruit légal, prendra provisoirement, à son compte l'exploitation du fonds jusqu'à ce que le mineur ait atteint l'âge de 18 ans. Si le mineur a perdu son père et sa mère, on donnera le fonds à bail, et la durée du bail sera calculée de telle sorte qu'il prenne fin lorsque le mineur aura atteint sa 18ᵉ année.

De la sorte, les principes seront sauvegardés. Le mineur n'est pas commerçant, puisqu'il n'exploite pas, et puisque c'est seulement le risque de l'exploitation qui rend un individu commerçant. Le seul fait d'être propriétaire d'un fonds de commerce ne constitue pas une personne commerçante, il faut qu'elle l'exploite elle-même. (Thaller, *op. cit.* n° 152).

DEUXIÈMEMENT. LA FEMME MARIÉE. — D'après le droit commun, la capacité commmerciale de la femme mariée est subordonnée à l'autorisation maritale. Mais tandis que pour les actes civils, cette autorisation a besoin d'être *expresse* et *spéciale* à chaque acte en particulier, la loi commerciale se contente d'une autorisation *tacite* et *générale*. La femme mariée est considérée comme suffisamment habilitée à faire le commerce lorsqu'elle l'exerce au vu et au su de son mari, sans qu'il y ait d'opposition de la part de ce dernier (art. 4. C. com).

Cette autorisation, n'a point d'ailleurs à intervenir pour chaque acte en particulier; l'exercice du commerce s'accomoderait mal de ces entraves journalières, il suffit qu'elle soit donnée une fois pour toutes, pour que la femme soit capable de se livrer au commerce, sans que l'autorisation du mari ait besoin de se renouvelle chaque fois; la femme est dès lors capable de s'obliger pour tout ce qui concerne son négoce, sans l'autorisation de son mari (art. 220 C. civ.). Au cas de refus du mari, l'autorisation de justice ne peut être donnée que si la femme est séparée de biens, et si le refus du mari a pour cause la mauvaise foi ou le ressentiment.

Nous ne nous appesantirons pas sur ce sujet qui nous ferait sortir du cadre de notre étude.

Il nous suffira d'appliquer ces principes à la matière qui nous occupe. En vertu de la capacité commerciale qui résulte pour elle de l'autorisation maritale, la femme pourra acheter et vendre un fonds de commerce, à condition toutefois que les clauses de son contrat de mariage ne restraignent pas sa capacité à cet égard.

Lorsque la femme n'est pas autorisée, il va de soi que la solution inverse s'impose. Mais ici une question surgit. L'autorisation tacite du mari étant, en thèse générale, reconnue suffisante pour habiliter la femme à faire le commerce, la femme non commerçante va-t-elle pouvoir acheter un fonds de commerce avec le seul consentement du mari au sens que l'on donne à ce dernier mot dans l'art. 4 du C. comm.? Ou bien faudra-t-il une autorisation *expresse* et *spéciale* du mari ? Remarquons que cet acte, nous l'avons admis, est un acte de commerce lorsque la femme achète le fonds pour l'exploiter elle-même, et elle se constitue commerçante au moment même où elle le fait. Il semble donc que l'autorisation *tacite* devrait suffire. L'autorisation expresse ne serait nécessaire, suivant nous, que si la femme achetait le fonds, non pour l'exploiter, mais pour le donner à bail ou en céder l'usufruit, car alors, la femme ferait un acte civil.

On a soutenu pourtant que l'autorisation expresse était exigée dans tous les cas, parce qu'il s'agit là d'un acte de commerce isolé pour lequel le droit commun conserve son empire. Nous ne croyons pas pouvoir admettre cette solution, car lorsque la femme achète un fonds pour l'exploiter, on ne peut dire qu'elle fasse là un acte de commerce isolé.

Troisièmement. L'Interdit. — Le Code de commerce n'a pas parlé de l'interdit, ni de l'individu pourvu d'un conseil judiciaire. C'est donc à l'aide des principes généraux que la question doit être résolue.

Il en résulte pour l'interdit une complète incapacité commerciale, aussi bien pour l'interdit judiciairement que pour celui qui l'est légalement, dans ce dernier cas, d'ailleurs, il y a impossibilité de fait à ce que l'interdit exerce le commerce, puisque l'interdiction dure autant que la peine (Art. 29. Code Pénal.)

Le prodigue pourvu d'un conseil judiciaire peut bien faire, avec l'assistance de ce conseil, des actes de commerce isolés, mais il ne saurait être autorisé d'une façon générale comme la femme mariée, car on arriverait ainsi à le relever indirectement de l'incapacité dont la justice l'a frappé. (Lyon-Caen et Renault.)

Le fonds de commerce échappe donc pour toutes ces personnes à la conclusion d'un acte quelconque, sauf s'il s'agit d'un acte civil accompagné des formalités exigées par la loi,

QUATRIÈMEMENT. INCAPACITÉS SPÉCIALES A L'ÉGARD DE CERTAINES PROFESSIONS. — Il y a des professions pour l'exercice desquelles la loi ne se contente plus de la capacité dont nous venons de parler. Elle exige, en outre, des connaissances spéciales qui sont constatées, soit par des diplômes, soit par des brevets, soit par des certificats d'aptitude; par exemple pour le commerce de pharmacie. La vente d'un fonds de commerce de cette nature, n'est valable que si elle est faite à une personne réunissant les conditions d'aptitude requises par la loi pour l'exercice de la profession qui y est attachée. On devrait en décider de même pour la vente d'une école privée, à une personne qui ne remplirait pas les conditions exigées par la loi du 30 octobre 1886 sur l'organisation de l'enseignement primaire (art. 40). Néanmoins, on peut admettre la validité d'une telle vente, si l'acquéreur s'engage à obtenir dans un certain délai, les titres nécessaires à l'exercice de sa profession, Alors la vente est faite sous condition suspensive.

Si le vendeur a cru faussement que l'acheteur avait les diplômes nécessaires, ou si l'acheteur s'est obligé implicitement à les acquérir avant de prendre livraison du fonds de commerce, à défaut de leur obtention la vente doit être résolue, et l'acheteur pourra être condamné à des dommages-intérêts.

E. Objet de la vente

L'objet de la vente d'un fonds de commerce est le fonds lui-même, c'est-à-dire l'ensemble des élémentsdont il se compose : clientèle, droit au bail, matériel, nom commercial, marques de fabrique, brevets d'invention, marchandises.

Toutefois, comme nous l'avons vu, le fonds de commerce ne constitue pas un tout non susceptible de fractionnement. Un seul ou plusieurs de ses éléments peuvent être vendus séparément. Il est vrai que l'achalandage en est l'élément essentiel au point qu'on peut dire avec M. Thaller : « Vendre un fonds de commerce, c'est vendre la clientèle qui y est attachée ». Néanmoins cela n'empêche pas de traiter sur un seul des éléments du fonds, quel qu'il soit. Mais on ne pourrait considérer comme vente d'un fonds de commerce celle qui necomprendrait pas la clientèle.

Du reste, les parties contractantes déterminent presque toujours elles-mêmes, ce qui constitue l'objet de la vente et l'écrit qui la constate énumère d'une façon précise les éléments compris dans la vente.

En cas de silence des parties, tout ce qui constitue le fonds est présumé vendu avec lui ; la clientèle, le droit au bail, le matériel et les marchandises. La vente comprend même le nom commercial du vendeur (Troplong n° 323 § 5), et l'enseigne qui sert à faire connaître l'établissement et à l'accréditer. (Caen, 13 décembre 1853, D. 54. 2. 613). Bordeaux, 21 juin 1880, D. 81. 2. 23. Req. 22 mai 1889, D. 89.1.370) : Ce n'est pas à dire que l'acheteur aura la propriété même du nom, mais il pourra s'en servir en le faisant suivre de son nom personnel avec le titre de successeur. (Paris, 5 juin 1867. D. 67. 2. 217). En cas de faillite du commerçant, le syndic ne pourrait pas vendre le nom commercial du failli, mais seulement en permettre l'usage à l'acquéreur du fonds, concurremment avec le failli, et ce dernier pourrait imposer les mesures propres à éviter toute confusion entre l'acquéreur et lui (Trib. com. de la Seine. Ann. de dr. comm. 1889, p. 38).

La marque de fabrique ou de commerce est aussi un accessoire nécessaire du fonds, et comme telle vendue avec lui, puisqu'elle assure la conservation de la clientèle. (Caen, 23 février 1881. D. 82. 2. 167). Trib. comm. de la Seine, 12 septembre 1867. Ann. de la prop. indust. 1867, p. 350).

Un autre droit que la cession du fonds fait passer à l'acquéreur, est celui de se prévaloir des récompenses et distinctions honorifiques obtenues aux Expositions par la maison de commerce. A moins qu'il ne s'agisse de distinctions accordées personnellement au cédant le cessionnaire à le droit d'en maintenir l'indication sur la marque de fabrique. (Bordeaux, 1er juin 1887. D. 88.2.287).

La cession du fonds de commerce implique aussi celle de l'exploitation d'un brevet, s'il y en a un; s'il s'agit là d'un monopole qui contribue a augmenter la valeur du fonds, il passe donc à l'acquéreur par interprétation de l'intention tacite des contractants, c'est-à-dire sauf clause contraire. Caen, 13 décembre 1853 et 23 février 1881).

Nous avons vu que, le fonds de commerce n'étant pas une universalité de droit, les créances et les dettes commerciales du vendeur ne se transmettent pas à l'acquéreur. Ce dernier n'est pas un successeur au sens juridique du mot, il ne succède pas aux obligations de son vendeur, non plus qu'à ses recouvrements à effectuer, lorsqu'il se rapportent à l'exploitation antérieure à la vente.

Mais il ne serait pas interdit aux parties d'insérer dans leur contrat une clause contraire. Alors le fonds passerait activement et passivement à l'acheteur. Seulement, cette convention n'aurait d'effet qu'entre les parties contractantes; elle ne saurait en rien modifier la

situation vis-à-vis des tiers auxquels on ne peut imposer un débiteur ou un créancier qu'ils ne connaissent
point, qu'en se conformant aux règles tracées par le
Code Civil.

En effet, pour la cession des créances, l'article 1690
du Code civil, exige la signification au débiteur cédé.
Il faut donc, pour que les créances commerciales
passent valablement à l'acquéreur du fonds à l'égard
des tiers, qu'une signification particulière soit faite à
chacun des débiteurs. Ce n'est qu'à cette condition que
l'acquéreur en sera valablement saisi vis-à-vis d'eux.
Quant aux dettes, il faudra de toute nécessité recourir
au procédé de la novation, qui ne transmet pas, à proprement parler, l'obligation, mais qui la transforme
seulement en opérant l'extinction de la dette ancienne
et la création d'une nouvelle, avec l'agrément du créancier. On commence aujourd'hui à critiquer ces exigences
de la loi. « Les anciennes conceptions romaines sur le
caractère personnel de l'obligation exerçant encore trop
d'empire, dit M. Magnin (*op. cit.*, p. 25), on ne prend
que difficilement l'habitude de la considérer comme
une valeur économique, relativement indépendante de
la personne du débiteur. L'insuffisance de notions sem-
blables est aujourd'hui démontrée... Aussi, l'étendue
des obligations de l'acquéreur et du vendeur, demeure
trop souvent incertaine, et la transmission des fonds
de commerce en est fatalement entravée. »

Nous ne nions point certes, les inconvénients signalés

par cet auteur, mais ils résultent de la loi, et tant que
des dispositions formelles n'auront pas modifié les
règles du Code civil en ce qui concerne la transmission
des fonds de commerce, ces règles devront recevoir
leur application.

Peu importe d'ailleurs, qu'il s'agisse d'une vente
volontaire ou d'une vente après faillite. (*Contrà*, trib.
com. de la Seine, 1er décembre 1886. *Le Droit*, 16 décembre 1886.)

Les livres de commerce sont-ils compris de plein
droit dans la vente?

Un arrêt de la Chambre des requêtes, du 8 décembre 1892. (D. 93.1.33) a jugé que les livres et documents relatifs à la comptabilité étaient des accessoires
du fonds de commerce, compris comme tels dans la
vente, et que, par suite, l'acquéreur pouvait en exiger la
délivrance.

Le tribunal de commerce de la Seine a pourtant
rendu un jugement contraire, le 19 novembre 1896
(*Journ. des trib. com.* 94, p. 198). D'après lui, les livres,
les registres et documents dépendant du fonds vendu,
restent la propriété du vendeur, à charge par lui de communiquer à l'acquéreur les pièces de nature à faciliter
l'exploitation du fonds ».

Nous croyons que le tribunal de commerce a raison.
Dès l'instant que c'est le vendeur qui doit liquider les
créances et les dettes, il semble juste de lui laisser les
registres qui servent à les constater.

Enfin, comme dans tout contrat, l'objet de la vente
doit être licite et moral. C'est ainsi qu'une maison de
tolérance ne saurait être considérée comme un fonds de
commerce susceptible de donner lieu à des contrats
commerciaux; un établissement de cette nature ne sub-
sistant que par la tolérance de l'administration.

(Orléans, 26 décembre 1861. D. 62.2.7 ; la Cour s'est
déclarée incompétente ; Trib. civ. Seine. 5 février 1867.
D. 67.3.61).

IV. — Effets de la vente d'un fonds de commerce entre les parties contractantes.

Le principal effet de la vente d'un fonds de commerce
est de transférer à l'acheteur la propriété de toutes les
choses comprises dans ce fonds. Mais cet effet ne se
produit qu'*inter partes*.

A l'égard des tiers, la mutation de propriété n'aura
lieu que sous les conditions déterminées par les principes généraux du droit. Et c'est ici qu'il convient de
faire intervenir les solutions que nous avons données
au début de ce travail sur la nature juridique du fonds
de commerce. Si on admet que celui-ci est une simple
universalité de fait composée d'éléments hétérogènes,
conservant chacun leur individualité et leur nature
propres, il faut en conclure que les conditions de la
translation de propriété vis-à-vis des tiers, varieront
suivant la nature de chacun des éléments du fonds. Par

exemple, de deux acheteurs successifs, celui-là sera préféré pour la propriété des marchandises et du matériel qui en aura été mis en possession le premier, (art. 1141, C. civ.); pour le droit au bail, c'est le cessionnaire qui aura le premier signifié la cession au bailleur, conformément à l'article 1690 du Code civil. Si le fonds comprenait un brevet d'invention, la cession ne serait opposable aux tiers que si elle avait été enregistrée au secrétariat de la préfecture du département dans lequel l'acte a été passé, conformément à l'art. 20 de la loi du 5 juillet 1844 sur les brevets d'invention.

Pour ceux qui attribuent au fonds de commerce une seule et même nature de meuble incorporel, cette solution ne se conçoit pas facilement, et il est assez surprenant que MM. Lyon-Caen et Renault l'aient adoptée, étant donné que pour eux le fonds de commerce est un meuble incorporel (*op. cit.* III, n° 240 et 246). En effet, la conséquence logique de cette doctrine est que la transmission du fonds se produit même à l'égard des tiers par le seul consentement des parties ; et, par suite, s'il y avait eu deux ventes successives, le premier acquéreur ne pourrait jamais être évincé par le second, quand même ce dernier aurait été mis en possession de bonne foi. C'est l'antériorité du titre qui l'emporterait dans ce cas. Personne cependant n'admet cette solution. C'est donc que le fonds de commerce n'a pas un caractère juridique uniforme.

La question des risques se résout par les principes

généraux. Disons d'abord que la vente d'un fonds de commerce est une vente en bloc tombant sous l'application de l'art, 1586, C. civ., et que par suite, la vente est parfaite sans qu'il soit besoin que les marchandises soient pesées, comptées ou mesurées.

Donc, en cas de vente pure et simple, les risques sont pour l'acheteur, sauf la mise en demeure du vendeur ; et si elle est conditionnelle, on donne les solutions de l'art. 1182.) V. aussi art. 100. C. comm.).

V. — Obligations du vendeur : Délivrance, Garantie.

Comme dans toute espèce de vente, le vendeur est tenu de *delivrer* et de *garantir* la chose vendue.

Délivrance. — Nous retrouverons ici la même question que tout à l'heure. Le fonds est une réunion d'éléments divers, la délivrance devra donc s'opérer d'après des régles variables suivant la nature de chacun d'eux. Elle se fera de la main à la main pour le matériel et les marchandises ; par la remise du titre pour le droit au bail. Il arrive fréquemment que l'acquéreur, dans l'acte de vente, est subrogé au vendeur dans le droit au bail, il n'a plus qu'à signifier cette subrogation au bailleur.

Quant à la clientèle, il suffira que le vendeur facilite à son acheteur l'usage des moyens à sa disposition pour la conserver. Il devra par exemple, lui laisser l'usage du nom commercial, de l'enseigne, des marques, etc.

L'appropriation du nom commercial du vendeur ne
peut pas être absolue, car en France il est interdit d'exercer le commerce sous le nom d'une autre personne.
Donc, si le nom commercial se transmet au successeur,
cela ne veut pas dire que celui-ci puisse faire le commerce sous le nom de son prédécesseur, mais qu'il
pourra adopter ce nom, en le faisant suivre du sien, avec
l'indication de sa qualité de successeur, de façon à distinguer suffisamment sa personne de celle de son prédécesseur et à empêcher toute équivoque à ce sujet. Il
faut que le public soit averti que la maison a changé
de propriétaire et qu'il ne confonde point la personne
du successeur avec celle du vendeur. (Trib. de Com. de la
Seine, 23 octobre 1888. *Le Droit* 10 novembre 1888).

Cette question a fait l'objet d'un projet de loi, présenté au Sénat et rapporté par M. Dietz-Monin (*Journal officiel* du 21 février 1891. Doc. parl. S. E. 1890,
p. 93.)

Ce projet de loi portait, article 48 *in fine* : « L'acquéreur d'un établissement de fonds de commerce ou
d'exploitation, ne peut faire usage du titre commercial
de son prédécesseur ou du fondateur de la maison, qu'à
la condition de distinguer suffisamment et manifestement sa propre personnalité de la leur. »

En matière commerciale, disait le rapporteur, le successeur s'autorise du nom de son cédant, c'est là un
droit que la convention seule peut prohiber, parce qu'il
est le continuateur des actes de celui-ci. Succédant au

fonds, en vue de maintenir les anciennes traditions, il importe peu que la personne physique et civile change, si la personne commerciale reste avec le même caractère.

« Mais il est évident qu'il ne faut pas permettre à la fraude de s'introduire par le moyen de cette substitution de personne, et que ceux qui lui faisaient confiance *intuitu personæ* puissent en éprouver un préjudice. De même, s'il ne convient pas que, par la confusion qui pourrait résulter de la substitution demeurée inconnue, le public ignorant, croyant traiter avec le cédant, se trouve avoir traité avec le cessionnaire, il ne faut pas davantage que le cédant puisse paraître engagé ou atteint par les actes du cessionnaire. » (Sénat, Doc. parl. S. E. 1890, p. 94.)

Ce droit, d'ailleurs, n'appartient pas à l'acheteur pour un temps illimité, il est restreint à un temps dont les tribunaux doivent apprécier la durée, et une fois la transmission de la clientèle définitivement assurée par l'usage du nom commercial du vendeur, l'acheteur devra cesser de l'exercer, le vendeur reprendra son nom et pourra même interdire à l'acheteur de continuer à s'en servir. (Pouillet. Traité des marques de fabriques nᵒˢ 548 et suiv. — 552 et suiv.) Cette opinion a été combattue, (Lèbre. Traité des fonds de commerce, nᵒ 63).

Ce droit d'employer le nom du prédécesseur passe activement et passivement aux héritiers de l'acheteur et du vendeur. Les héritiers du vendeur pourraient invoquer l'intérêt de famille pour s'opposer à ce que le successeur se servit indéfiniment du nom de leur auteur, et les héritiers, ou ayants-cause de l'acheteur peuvent de leur côté se prévaloir du droit qui appartient à ce dernier. (Paris, 11 juillet 1867. D. 67. 2. 170. Contra, Paris, 5 novembre 1872 ; *Ann. de la propr. indust*. 1873, p. 255).

Rien n'empêcherait, d'ailleurs les parties de stipuler, dans la vente la cession du nom à perpétuité. (Lyon, 12 juin 1873, D. 74. 2. 168).

Quid du cas d'un fonds de commerce exploité en société et sous une raison sociale ? L'acquéreur de ce fonds peut se dire successeur de la société ; mais celle-ci étant dissoute, il ne pourra prendre la raison sociale pour raison de son commerce, il aura seulement la faculté de prendre le titre de successeur de la société (Req. 9 novembre 1869 ; D. 70. 1. 165).

Il devra aussi respecter la propriété du nom individuel de chacun des associés. Ceux-ci conservent le droit d'en faire l'usage commercial qui leur plaît à condition toutefois d'éviter ce qui pourrait nuire à l'acquéreur de l'établissement social. Par exemple, rien n'empêcherait un ancien associé de faire figurer son nom dans la raison sociale d'une nouvelle société établie pour l'exploitation d'un commerce semblable à celui qui faisait l'objet de la société dissoute, pourvu que toute confusion soit évitée aux yeux du public entre la

nouvelle société et l'ancienne (Paris, 5 juin 1867 ; D.
67. 2. 217).

Nous avons encore une autre particularité à signaler
à propos de la situation de la veuve continuant le commerce de son mari. On admet que la veuve a le droit
de conserver le nom de son mari et de s'en servir pour
l'exploitation commerciale qu'elle continue, (Paris,
19 mars 1890, D. 91, 2, 30). Il suffit qu'elle fasse connaître sa qualité de veuve, afin de ne pas nuire à d'autres parents de son mari défunt qui peuvent exercer un
commerce semblable. Elle fera précéder du qualificatif
de *veuve* ou des mots *ancienne maison* le nom de son
mari (Paris, 21 mars 1887, D. 88, 2, 165).

Garantie A. Comme tout vendeur, le vendeur d'un
fonds de commerce doit *garantir* l'acheteur contre les
évictions. Mais cette obligation revêt ici un caractère
particulier. Il faut se reporter à l'idée juridique qui sert
de base à la garantie. C'est que le vendeur doit à l'acheteur la paisible possession. L'élément principal d'un
fonds de commerce étant la clientèle, nous dirons avec
M. Thaller que, « garantir, c'est promettre de *donner
ses soins* afin que les clients de la maison passent à
l'acheteur, et s'obliger à ne pas les reprendre pour soi ».
En d'autres termes, le vendeur doit s'abstenir de tout
acte pouvant diminuer l'achalandage et détourner la
clientèle cédée à l'acheteur. La garantie se traduit donc
ici par une obligation de ne pas faire, elle consiste surtout dans l'*interdiction* pour le vendeur, de se *rétablir*

afin de ne pas retenir la clientèle cédée par lui. Il renonce à la faculté qu'il tient du principe de la liberté
du commerce, de faire concurrence à son vendeur.

Le contrat contiendra souvent une clause spéciale
déterminant l'étendue de cette interdiction, par exemple
le périmètre dans lequel le vendeur ne pourra ouvrir
une maison semblable, et le temps pour lequel elle est
stipulée.

B. En l'absence de convention, que décider? Quelle
sera l'étendue de l'obligation de garantie mise à la
charge du vendeur? La jurisprudence est divisée. Ses
arrêts peuvent se grouper autour de trois systèmes :

1° Le vendeur peut se rétablir où il veut et quand il
veut, la liberté du commerce est d'ordre public et on ne
peut y déroger. (Loi des 2 et 17 mars 1791).

2° L'art. 1134 régit toute la matière des conventions.
Le vendeur s'est obligé par son contrat. Il ne peut se
rétablir en aucune façon.

3° Enfin, le vendeur peut se rétablir, mais à condition
de ne point diminuer la clientèle de l'acquéreur. Il y a
là une question de fait qu'il appartient aux juges de
résoudre. Pour déterminer l'étendue de l'interdiction
imposée au vendeur, ils considèreront les atteintes
portées aux droits de l'acquéreur, par la concurrence
possible. Ils fixeront le périmètre dans lequel le vendeur ne pourra se rétablir, et le temps nécessaire à
l'acquéreur pour fixer la clientèle autour de lui (1).

_____

(1) Il est interdit de créer une maison dont la désignation,

Ce troisième système est celui qui est le plus généralement adopté. On reconnait que la garantie due par le vendeur d'un fonds de commerce, a pour conséquence de lui interdire, même en l'absence de toute clause spéciale sur ce point, l'exercice d'un commerce semblable à celui qu'il quitte, dans le voisinage du fonds vendu. « L'usage d'ailleurs, a été presque toujours invoqué comme favorable aux prétentions des acheteurs, et basé sur la bonne foi, les convenances et l'équité, cet usage a eu toujours en sa faveur l'assentiment général. » (D. Rép. V. Ind. et Com. n° 217.) Cette interdiction de se rétablir, qui ne saurait être absolue, est appréciée, quant à l'espace et quant au temps (1).

Le périmètre est déterminé eu égard à la concurrence possible. C'est ainsi que dans les villes de peu d'impotance, l'interdiction pour le vendeur de se rétablir

l'enseigne ou la proximité auraient pour but ou pour résultat, par une rivalité abusive et malgré la garantie due par le cédant au cessionnaire, de nuire à l'établissement cédé. (C. Cass. 2 mai, 1860. D. 60.1.248. — Lyon, 25 mai, 1872. D. 72.2.241. Cass. Civ. 28 avril 1884. D. 84.1.329).

(1) Ainsi dans une vente d'un fonds de café, le vendeur est réputé s'interdire la faculté d'établir un autre café dans le voisinage ; et la circonstance qu'il exploitait déjà un autre café dans un autre quartier de la même ville, au moment de la vente, ne peut servir d'argument en faveur de la faculté pour le vendeur d'en établir là où il lui plairait, mais doit, au contraire, faire supposer qu'il entendait se borner désormais à exploiter ce café, sans détourner la clientèle du fonds vendu en établissant un café dans le voisinage (Lyon, 28 août 1843. D. Rep. V. Indust. et Com. n° 217 3°).

s'étendra à la ville tout entière, tandis que dans les grandes villes, elle pourra n'être limitée qu'à un quartier. C'est là une question de fait qui s'apprécie suivant les circonstances, le genre de commerce exercé par le vendeur, le nombre des maisons similaires dans la même localité. Par exemple, le vendeur d'une agence commerciale ne peut se livrer à aucune entreprise de nature à troubler son acheteur dans la paisible possession du fonds vendu, ou à en détourner à son profit tout ou partie de la clientèle, et il serait contraire à la commune intention des parties et au principe de la garantie dans la vente, de ne pas interdire au vendeur d'ouvrir dans l'enceinte de Paris, une agence similaire à celle qu'il a vendue et dont il a touché le prix, car en ce cas, la clientèle du fonds vendu n'est point circonscrite dans un rayon déterminé de la ville de Paris, mais au contraire disséminée dans la ville toute entière et à l'étranger (Paris, 3 décembre 1890. *Gaz. des Trib.* 12 décembre 1890).

L'interdiction est également limitée à un certain laps de temps nécessaire pour fixer la clientèle à l'ancien établissement (Grenoble, 10 mars 1836. D. Rep. V. Ind. et Com. 217, 2° — Nimes, 16 décembre 1847. D. 49.2.14.; Alger, 5 janv. 1865. D. Rep. V. Vente n° 388.)

Cette interdiction, d'ailleurs, ne porte que sur le genre de commerce qui faisait l'objet du fonds vendu.

Le vendeur a parfaitement le droit de se livrer à un

commerce différent (Paris, 28 nov. 1868 et Req. 10 août 1869, D. 70.1.115).

Bien qu'elle soit personnelle au vendeur, celui-ci ne peut porter atteinte ni directement, ni indirectement à la clientèle de l'acquéreur, ce sera donc une question de fait que celle de savoir si des personnes liées avec le vendeur soit par des intérêts communs, soit par la parenté, ne doivent pas être considérées comme masquant la personnalité de ce dernier.

Il est interdit, par exemple, au vendeur d'une brasserie « de donner son concours et de fournir des fonds à son fils pour la fondation d'une nouvelle brasserie dans la même ville, et de lui communiquer les livres de commerce renfermant les noms des clients de la brasserie vendue (Riom, 20 mars 1876. D. 79.2.230).

Conformément aux principes généraux en matière de garantie, l'acquéreur n'y a aucun droit s'il a connu ou dû connaître, lors de la vente, le danger de l'éviction. Ainsi, l'acquéreur d'un hôtel meublé, ne pouvant ignorer les réglements et ordonnances de police qui régissent l'exploitation de ces sortes de fonds de commerce, n'est pas en droit de réclamer des dommages-intérêts au vendeur quand des prescriptions de police le contraignent à réduire le nombre des chambres et des lits (Paris, 29 juillet 1886, D. 88.2.69).

De même la [garantie ne saurait servir à dégager la responsabilité délictuelle de l'acheteur. Par exemple, l'usage frauduleux d'une machine destinée à la contre-

façon de certains produits et donnant lieu contre l'acquéreur qui en a fait usage, à une condamnation pécuniaire,
sur la plainte de l'inventeur pourvu du brevet, empêcherait l'acquéreur d'agir en garantie contre son vendeur pour se faire indemniser de la condamnation prononcée contre lui. L'acquéreur a commis un délit, la
garantie du vendeur ne saurait le mettre à l'abri des
conséquences que ce délit entraîne à sa charge. Naturellement s'il avait été trompé par son vendeur et si, s'aper-
cevant du caractère délictueux de la fabrication, il l'avait
suspendue, rien ne s'opposerait à ce qu'il exerçât son
recours contre le vendeur en raison de la privation de
l'usage de la chose vendue (Cass. Civ. 22 décembre 1880,
D. 81.1.63).

La Cour de cassation n'a pas admis que la garantie
dans la vente entraînât nécessairement l'interdiction de
se rétablir, lorsque les parties ne s'étaient pas expliquées
sur ce point; elle a décidé seulement que les juges du
fonds avaient tout pouvoir pour apprécier l'intention des
contractants à cet égard (Req. 5 février 1855. D. 55.1.440 ;
Civ. 2 mai 1860. D. 60.1.218 ; Req. 21 juillet 1873.
D. 76.1.70; 19 août 1884. Plusieurs Cours se sont ran-
gées à cette doctrine. Paris, 30 juin 1854. D. 55.2.367;
Angers, 7 mai 1869 ; D. 69.2.168).

C. Telles sont les solutions admises en l'absence de
stipulation particulière dans le contrat de vente. La
bonne foi, les convenances et l'équité les inspirent
manifestement. Seulement, l'absence de règles pré-

cises en la matière donnent aux juges un pouvoir presque discrétionnaire, et peut parfois ouvrir la porte à l'arbitraire, aussi les parties, afin d'échapper à l'incertitude où leur silence les laisserait à cet égard, ont-elles soin, le plus souvent, d'insérer dans le contrat de vente une clause spéciale déterminant leurs obligations et leurs droits respectifs. Mais elles doivent avoir soin d'apporter dans cette détermination une grande précision, afin d'éviter les difficultés toujours possibles surtout en présence des questions délicates que soulèvent les clauses de cette nature.

Il y d'abord une clause qui est généralement considérée comme illicite et qui, par suite, rend l'engagement nul ; c'est la clause par laquelle le vendeur s'oblige à ne jamais se rétablir. On estime qu'il y a là une atteinte portée au principe d'ordre public de la liberté du commerce. (Loi des 2-17 mars 1791, art. 7. art. 1131 et 1133. C. civ. — Cass., 4 juillet 1888. S. 91. 1. 113. — Paris, 28 mai 1895. S. 96. 2. 234).

Il ne faudrait pas croire pourtant que la nullité de la clause permettrait au vendeur de se rétablir où et quand bon lui semblerait, elle met simplement les contractants dans la situation où ils se seraient trouvés s'il n'y avait pas eu de clause, et nous sommes ainsi ramenés au cas précédent de la garantie tacite.

Si le vendeur ne peut s'interdire absolument de se rétablir, il lui est parfaitement loisible de prendre un engagement du même ordre, mais limité à un certain

périmètre et à un laps de tempe fixé (Reg. 25 janvier
1820; Paris, 19 mai 1849. D. 50. 2. 51 ; Paris, 12 décembre 1850. D. 51. 2 62) Rég. 1ᵉʳ juillet 1867. D. 68.
1. 21 ; — Cass., 10 mars 1886. S. 86. 1. 294). C'est ce
qui a lieu le plus souvent dans les ventes de fonds de
commerce. Cette convention, parfaitement valable, est
obligatoire alors même que l'acheteur n'aurait aucun
intérêt pécuniaire à son observation.

Mais des controverses se sont élevées lorsqu'il s'est
agi d'interpréter la clause indiquant la distance au-
delà de laquelle le vendeur aura le droit d'établir un
commerce similaire.

Comment devra-t-on calculer le périmètre d'interdiction ?

La jurisprudence, s'attachant beaucoup trop à la
forme, a établi une distinction basée sur les expres-
sions même dont se sont servis les contractants. Le
calcul du périmètre peut se faire de deux façons, ou
bien géométriquement, à vol d'oiseau, ce sera alors la
ligne droite; ou bien en suivant, par les rues, la ligne la
plus courte. Mais quel sera le critérium servant à dé-
couvrir l'intention des parties à cet égard, lorsqu'elles
ne s'en sont pas expliquées ?

La jurisprudence le fait résider dans l'emploi de mots
déterminés. Le vendeur s'est-il engagé à ne pas s'établir
dans un certain rayon; ce rayon doit se mesurer géométriquement et à vol d'oiseau, en suivant une ligne
droite reliant les deux fonds (Paris, 20 avril et 17 août

1880. S. 81.2.134). Si le vendeur s'est interdit de se rétablir jusqu'à une certaine *distance*, on suit, pour le calcul de cette distance, le chemin le plus court qu'il faudrait réellement parcourir par les rues. Ainsi, le rayon, c'est la ligne droite géométrique ; la distance, c'est le chemin réel à parcourir. (Trib. de comm. de la Seine, 25 oct. 1865. D. 71 2. 400 ; — Paris, 30 juillet 1881, S. 82.2.4 ; 19 juillet 1883, S. 83. 2.247). M. Ruben de Couder (Dictionnaire de Droit commercial, t. IV. Voir fonds de commerce n° 59 *bis.*) rejette ce système. D'après lui, la distance doit, dans tous les cas, être calculée à vol d'oiseau. Il s'appuie sur le principe posé par l'art. 1602. C. civ.., d'après lequel tout pacte obscur ou ambigu s'interprète contre le vendeur.

Dans le doute, il faut donc adopter le mode de calcul le plus favorable à l'acheteur ; celui qui étend le périmètre interdit et recule par suite la concurrence.

MM. Lyon-Caen et Renault (*op. cit.*, III n° 248), repoussent ces deux opinions. Ils reprochent avec raison : à la première, d'être trop subtile et d'attribuer aux mots rayon et distance, deux sens qu'ils n'ont pas dans le langage courant ; à la seconde, de n'être pas conforme au sens pratique et usuel des mots. Il est évident que lorsqu'on parle de la distance qui sépare deux maisons de commerce, on entend le chemin qu'il faut parcourir réellement pour aller de l'une à l'autre. Cette interprétation est surtout rationnelle lorsqu'on apprécie l'éloignement au point de vue de la concurrence, parce

que l'on a en vue le préjudice qui doit résulter pour
l'acheteur, de la proximité de son vendeur ; ce préjudice
dépendant du chemin à parcourir effectivement.

Nous nous prononçons, sans hésiter, pour ce dernier
parti, comme le plus logique et le plus pratique, et
comme étant en outre, celui qui répond le plus sûre-
ment à l'intention des parties.

D'ailleurs, l'objet de l'interdiction considéré en lui-
même peut-être très variable. Le principe est que le
vendeur doit s'abstenir de tout acte susceptible de cau-
ser un dommage à son acheteur. En dehors de la création similaire, il y a d'autres actes dont la prohibition
résulte soit de la nature du contrat, soit de stipulations
expresses des intéressés (1). A ce titre, il peut y avoir
variété infinie. Il ne faut donc pas interpréter trop res-
trictivement la prohibition. Les juges du fait auront
à apprécier la gravité des actes. Ainsi le vendeur qui
louerait ses services à un concurrent, ou qui accepterait
la représentation commerciale d'une maison concur-
rente, pourrait parfaitement être considéré comme con-
trevenant à son obligation. Il en serait de même, s'il
s'associait avec un concurrent, s'il aidait d'autres per-

(1) Un marchand en gros et en détail qui cède son commerce de
de détail, en se réservant pour lui-même le commerce de gros, est
censé s'être interdit seulement la vente directe aux consommateurs
et a parfaitement le droit de continuer à vendre par grosses parties à d'autres marchands (Lyon, 17 février 1882. Dall. suppl.
vº Vente nº 265).

sonnes à faire la concurrence qu'il s'est interdite à lui-même, par exemple, s'il autorisait sa femme à créer un établissement semblable à celui qu'il a vendu, s'il fournissait à son fils ou à son gendre les fonds nécessaires à son acquisition et à son exploitation (Paris, 16 décembre 1889. D. 90. 2. 283).

D'autres particularités peuvent résulter de la rigueur des engagements pris par le vendeur : si, par exemple : il a promis de ne prendre aucun intérêt direct ou indirect dans un établissement concurrent, il ne pourra même pas prêter de l'argent à un commerçant concurrent.

D. L'obligation de garantie se transmet activement et passivement aux héritiers et successeurs universels du vendeur et de l'acheteur (V. plus haut). C'est l'application du droit commun sur les effets des conventions. Et il n'y a pas à distinguer si cette obligation résulte virtuellement du contrat ou si elle a été expressément stipulée (Paris, 19 mai 1849. D. 50. 2. 51). Enfin, l'obligation de garantie peut même être invoquée par un sous-acquéreur de l'établissement de commerce et non pas seulement par le premier acheteur et ses successeurs universels.

Supposons que l'établissement ait été vendu, une seconde fois à un sous-acquéreur. Après cette seconde vente, le premier vendeur fonde ou achète un établissement dans le rayon prohibé. Le sous-acquéreur pourra-

t-il invoquer le droit de son auteur à la garantie et agir
directement contre ce premier vendeur? Le droit de
l'acheteur à la garantie doit profiter à tous les posses-
seurs du fonds. (Req. 5 juillet 1865, D. 65. 1. 425, 18
mai 1868. D. 69, 1. 366).

On peut presque dire qu'il fait partie du fonds lui-
même, qu'il en est une qualité, puisqu'il en augmente
la valeur, il est comme une sorte de servitude active
attachée à l'établissement.

D'ailleurs, à supposer qu'il en soit autrement, le sous-
acquéreur évincé agirait contre son vendeur direct, qui
agirait lui-même contre son propre vendeur; n'est-il
pas plus simple de donner de suite l'action directe au
sous-acquéreur : on évite ainsi les frais et les lenteurs
de recours (Dijon, 28 novembre 1866 et pourvois
Req. 18 mai 1868. D. 69. 1. 366. Aix, 1ᵉʳ février 1873.
D. 75. 2. 309).

E. — Quelle sera maintenant la sanction de l'inexécution de l'engagement du vendeur? Deux hypothèses
sont possibles. Ou bien le contrat est muet à cet égard,
ou bien les parties contractantes ont stipulé une clause
pénale.

Dans le premier cas, on s'en tient aux principes géné
raux. En vertu de l'article 1184, l'acheteur peut demander la résolution de la vente avec dommages-intérêts ;
mais il peut aussi, s'il le préfère, forcer son vendeur à
exécuter son obligation, c'est-à-dire, réclamer la fermeture du nouvel établissement, qui pourrait être effectuée

manu militari (1143, C. civ.) sans préjudice des dommages-intérêts même dans ce cas (1115, C. civ. Req.
21 février 1862. D. 62. 1. 185).

En cas de clause pénale, l'acheteur ne peut poursuivre
à la fois l'exécution de l'obligation principale et la peine ;
celle-ci n'étant due que comme réparation du dommage
résultant de l'inexécution de l'engagement (Paris, 20 février 1857 ; *Annales de la prop. litt.* 1861, p. 242). Il n'a
donc qu'un droit d'option, par conséquent le vendeur ne
peut être à la fois condamné à des dommages-intérêts
et à la fermeture immédiate de son établissement à peine
de nouveaux dommages-intérêts pour chaque jour de
retard ; mais le juge le condamnera d'abord aux dommages-intérêts fixés par la clause pénale pour le préjudice passé, et lui impartira ensuite un délai pour opter
entre la cessation de son commerce et une réparation
pécuniaire à payer pour le préjudice futur résultant de
la continuation du commerce (Paris, 23 juin 1882. D.
Suppl, IX. V° Ind. et Comm., n° 122).

VI. Obligations de l'acheteur : Paiement du prix, Prise de livraison.

L'acheteur doit entre autres choses :

1° Payer le prix convenu au jour et au lieu réglés
par la vente.

2° Prendre livraison à l'époque fixée.

Première obligation — Paiement du prix

L'obligation principale de l'acheteur est de payer le prix, et il doit, en principe, à défaut de convention contraire, le payer comptant. S'il n'a rien été réglé à cet égard, lors de la vente, dispose l'article 1651, l'acheteur doit payer au lieu et dans le temps où doit se faire la délivrance.

Toutefois, la loi ne supplée à la convention des parties que lorsqu'elle-ci n'a rien réglé à cet égard. Le vendeur et l'acheteur ont donc la plus entière liberté pour fixer les délais, le mode et le lieu de paiement.

Par conséquent, la vente peut se faire à terme et c'est l'hypothèse la plus fréquente en matière commerciale. Dans ce cas, l'acheteur doit payer au terme convenu. Il peut, néanmoins, être contraint de payer comptant, malgré le terme qui lui a été accordé, s'il est tombé en faillite avant la livraison (art. 1188. C. C.). En outre, il encourt la déchéance du terme, après livraison, si par son fait il diminue les sûretés qu'il avait données au vendeur par son contrat (même article). Le mot données doit être pris ici dans un sens large. La jurisprudence admet, en effet, que le privilège résultant au profit du vendeur du fait de la vente, (art. 2102, 4°,) est une sûreté donnée au vendeur par le contrat et elle décide, en conséquence, que la revente par l'acheteur de la chose qu'il a acquise à terme, faisant perdre au vendeur

ce privilège, entraîne la déchéance du terme et rend le
prix de la première vente immédiatement exigible
(Rouen, 18 avril 1868. D. Supplément V. Vente, n° 501.)

Il a été jugé que la dation en nantissement du fonds
de commerce diminue également les sûretés données
au vendeur dudit fonds et en rend le prix immédiatement exigible (Trib. de com. de la Seine, 6 avril 1897)
Cette solution est plus contestable, car, d'autre part,
le même Tribunal a décidé que le nantissement du
fonds de commerce ne fait pas échec au privilège du
vendeur et que celui-ci prime le privilège du créancier
nanti.

Il est vrai que le même Tribunal a décidé le contraire
dans un jugement du 1er mars 1899, rapporté dans *Le
Droit* du 19 mars et dans *La Gazette des Trib.* du
21 du même mois.

Nous pensons qu'il faut, d'une manière générale,
admettre que tous les actes quelconques de l'acheteur,
qui sont de nature à diminuer les garanties résultant
implicitement ou explicitement pour le vendeur du
contrat de vente, entraînent la déchéance du terme de
paiement. Car on doit considérer que l'existence de ces
garanties a déterminé le vendeur à accorder un délai.
Il est donc équitable que ce vendeur ne soit pas victime
de sa bonne foi et de sa confiance en l'acheteur et que,
si celui-ci vient, par son fait, à diminuer les garanties de
solvabilité sur lesquelles le vendeur a pu légitimement
et spécialement compter lors du contrat, les tribunaux

viennent au secours de ce dernier en déclarant l'acheteur déchu du bénéfice du terme.

Nous avons dit que le paiement doit être fait au
comptant, lorsqu'aucun terme n'est stipulé au profit de
l'acquéreur. Mais, en fait, il arrive fréquemment que
des oppositions faites aux mains de ce dernier par des
créanciers du vendeur, paralysent ce paiement. Ce fait
se présente surtout dans les cas où la vente a été publiée, conformément à un usage très répandu, que nous
ne pouvons passer sous silence.

La vente des fonds de commerce, n'ayant d'autres
règles que celles du droit commun, peut donner lieu à
une fraude presque impossible à déjouer pour les créanciers du vendeur. Voici en quoi elle consiste : un commerçant obéré, ou peu délicat, vend son fonds de commerce et en touche le prix. Il aliène ainsi le seul gage
sérieux sur lequel ses créanciers pouvaient compter pour
obtenir paiement et se rend insolvable. Ceux-ci se
trouvent frustrés par la mauvaise foi de leur débiteur.
Il est vrai que, dans ce cas, la loi met à leur disposition
un moyen de défense, l'action paulienne (art. 1167 C. C.)
qui leur permet de poursuivre la nullité de la vente faite
en fraude de leurs droits. Mais l'exercice de cette action
suppose, indépendamment de la mauvaise foi du vendeur, *consilium fraudis*, la complicité de l'acquéreur.

Il faut que ce dernier ait connu le mauvais état des
affaires du commerçant dont il a acheté le fonds, et que
cet achat ait été conclu pour détourner le gage des

créanciers. Il y a là une double preuve fort difficile à faire pour le créancier. Afin d'éviter les inconvénients de cette aliénation clandestine, l'usage s'est établi dans certaines grandes villes, et principalement à Paris, de faire publier les ventes de fonds de commerce dans les journaux d'annonces légales et de ne payer le prix qu'après un certain délai, qui à Paris, est de 10 jours. Les créanciers sont ainsi avertis qu'ils peuvent, dans ce délai, former opposition sur le prix, soit entre les mains de l'acheteur, soit entre les mains de son mandataire, pour faire valoir sur ce prix le droit de gage général qu'ils avaient sur le fonds vendu. C'est l'acquéreur qui pour éviter tout soupçon d'entente frauduleuse avec le vendeur, et éviter l'exercice de l'action paulienne, fait ordinairement publier la vente. Cette publication consiste dans un avis adressé au public et spécialement aux créanciers du vendeur, faisant connaître la vente, la date de la prise de possession, le domicile ou les oppositions devront être faites, et le nom de la personne chargée de les recevoir. Tout créancier, même chirographaire du vendeur peut former opposition dans le délai d'usage. Il y a là comme une sorte de droit de suite offert par l'acquéreur aux créanciers du vendeur, droit de suite différant notablement, il est vrai, de celui qui est attaché aux droits réels et en particulier à l'hypothèque immobilière, mais qui, en fait, n'en confère pas moins aux créanciers chirographaires un avantage que la loi ne leur a pas reconnu.

On peut dès lors se demander quelle autorité il faut attacher à cet usage, et quelle force légale il peut avoir. Est-il obligatoire ? La doctrine est partagée sur ce point, et la jurisprudence a subi des fluctuations qui n'ont pas encore fait place a une théorie bien établie. Les auteurs et la jurisprudence ont d'abord reconnu à l'usage dont nous parlons, force de loi (Boistel, Droit commercial, n° 290. — Ruben de Couder, *op. cit.* V°. Fonds de commerce, n° 36, Trib. civ. de la Seine, 31 mars 1868 D. 68, 3. 96, 8 octobre 1869. (D. 70. 3. 87).

Dans ce système, le vendeur et l'acheteur ne peuvent déroger à l'usage de publier, par aucune stipulation contraire. Il s'impose aux parties bon gré mal gré et l'acheteur qui paierait avant l'expiration du délai de publication s'exposerait à payer une seconde fois (Levé, code de la vente commerciale. n° 405). Cependant la jurisprudence ne s'est pas maintenue sur ce terrain, bien qu'on trouve encore des décisions rendues dans le même sens (Trib. comm. Rouen, 23 mars 1896, D. 96. 2. 208). Mais il y a depuis quelques années surtout une réaction contre la jurisprudence primitive, et les décisions des tribunaux semblent vouloir s'accorder pour décider que l'usage n'a pas force de loi. (Trib. civ. de la Seine, 29 mai 1878. Le *Droit* du 2 juillet 1878. Paris, 18 février 1882 S. 83. 2. 91, Bordeaux 27 août 1883 D. Suppl. V° Vente n° 499) ; Trib. civ. Seine, 4 juin 1888 *Annales de dr. commercial*, 1889 p. 6).

Un troisième système soutient que l'usage est bien obligatoire, mais que la durée du délai n'a rien d'impératif, les parties contractantes pouvant le réduire d'un commun accord. (Trib. Civ. Seine, 13 avril 1882, *Gaz. des Trib.* 15 avril 1882).

Avec MM. Lyon-Caen et Renault, nous adopterons une autre solution. Ces auteurs, après avoir soutenu que l'usage de publier les ventes de fonds de commerce était obligatoire dans tous les cas (Droit commercial n° 686, Précis), se sont aperçu bientôt qu'il était impossible de reconnaître à un simple usage le pouvoir de créer un droit pour les tiers. On ne saurait faire d'un usage une espèce de loi d'ordre public s'imposant à la volonté des parties et malgré elles. Il est incontestable que l'usage à une autorité très grande en matière commerciale, mais cette autorité ne va pas jusqu'à se substituer à la convention des parties. Il n'en est au contraire que l'interprétation, attendu que c'est de la volonté tacite des contractants que l'usage est sorti. A ce titre, il a, comme l'a fort bien dit M. Thaller (Droit commercial n° 49), *force de convention,* et non pas force de loi. « L'usage, dit encore cet auteur, se ramène à une clause sous-entendue de convention.. On doit présumer *en fait* que les parties ont voulu se référer, dans leur marché, faute de le détailler, à la manière usuelle de faire, telle qu'elle est pratiquée dans leur partie professionnelle ». Si donc l'usage n'exprime que la volonté tacite des parties, il doit disparaître, si les parties ont exprimé une volonté contraire. Que cet usage soit général, ou qu'il soit spécial à telle province où à telle ville, ou à telle branche particulière de commerce, peu importe, le principe reste le même. On dit : pour dénier à cet usage force de loi, il faudrait établir, ce qu'on ne fait pas, qu'il est contraire à une disposition impérative ou prohibitive de la loi, à l'ordre public, ou aux bonnes mœurs. Nous convenons parfaitement qu'il ne déroge à aucune loi d'ordre public, mais il s'agit de savoir si on peut lui reconnaître à lui-même la valeur d'une loi d'ordre public, à laquelle on ne peut déroger. C'est ce qui est insoutenable. Bien plus, nous disons même qu'il n'est obligatoire qu'autant que les parties ont entendu s'y soumettre tacitement. Si leur intention est de s'y soustraire, elles sont libres, puisque le législateur a seul qualité pour apporter des restrictions au principe de la liberté des conventions (art. 1134 C. civ). Les créanciers n'ont d'autres garanties que celles que la loi leur accorde.

Si donc, l'acquéreur paie le suite le prix au vendeur, sans avoir préalablement publié la vente, il ne contrevient à aucune obligation. Le seul droit des créanciers du vendeur est d'attaquer la vente par l'action paulienne (art. 1167 C. civ.) à charge par eux d'en prouver le caractère frauduleux. Du reste, on admet généralement que le seul fait de la violation de l'usage peut rendre la vente suspecte et constituer une présomption de fraude.

LORDEREAU

7

Mais si l'acquéreur a fait dans les journaux d'annonces les publications d'usage, il est censé s'être soumis d'avance aux obligations qui en découlent. Il se forme, *ipso facto*, un quasi-contrat entre lui, son vendeur et les créanciers de ce dernier, et on présume qu'il a pris, par là même, l'engagement de ne payer le prix qu'à l'expiration du délai habituel. Dès lors, si l'acquéreur payait le prix pendant ce délai, le paiement serait nul au regard des créanciers du vendeur, et il s'exposerait à être contraint de payer une seconde fois (Lyon-Caen et Renault. *Op. cit.*, n° 252. Tribunal civil de la Seine, 31 mars 1868 et 8 octobre 1869 déjà cités. — Paris, 29 avril 1897 *Gaz. du Palais*, 97.1.62).

L'usage n'est obligatoire, avons-nous dit, qu'autant qu'il est accepté tacitement par les parties. Il suffit d'ailleurs, que celles-ci aient gardé le silence, et que le contraire n'ait pas été stipulé lors de la vente pour qu'il devienne obligatoire pour elles. Si donc, dans cette hypothèse, l'acquéreur refuse le paiement de son prix avant la publication de la vente, ou l'expiration du délai, le vendeur ne peut exiger que le prix lui soit remis immédiatement. C'est en ce sens seulement que l'usage peut être regardé comme obligatoire.

Comment doit se compter le délai de dix jours adopté à Paris?

La jurisprudence est divisée sur ce point. Certains arrêts décident que c'est un délai franc, c'est-à-dire qu'il ne doit comprendre ni le jour de la publication, ni

le jour du paiement, en sorte que l'acheteur ne peut
payer valablement que le onzième jour, non compris
celui de la publication. Donc, tout paiement effectué,
par exemple le dixième jour après l'annonce de la
vente, peut être attaqué par les créanciers qui ont
formé opposition le même jour (trib. civ. de la Seine,
31 mars 1868 et 8 avril 1869 déjà cités).

C'est à cette opinion que nous nous rangeons. Contra
Trib. Civ. Seine, 13 avril 1882.

*Le vendeur pourrait-il disposer de sa créance avant
d'être payé du prix ?*

La question ne peut se poser que si l'on considère
l'usage comme absolument obligatoire, ou si dans les
cas contraire, l'acheteur a fait annoncer la vente dans
les journaux, car alors seulement, le vendeur ne peut
exiger le paiement avant les dix jours. La raison de
douter vient de ce que le cessionnaire du vendeur peut
ignorer la publication de la vente, est-il en faute pour
ne l'avoir pas vérifiée dans les journaux d'annonces ?
Il serait bien rigoureux de l'admettre.

MM. Lyon-Caen et Renault décident catégorique-
ment que tout acte de disposition fait pendant le délai
est nul à l'égard des créanciers. Un arrêt de la Cour de
Paris, du 18 février 1882 (S. 83. 2. 91), a jugé, au contraire, que la cession, faite par le vendeur, de la créance
du prix, était valable lorsque le cessionnaire était de
bonne foi. Cela ne revient-il pas à dire qu'ici l'action
paulienne est seule admise.

Lorsque la vente a été publiée conformément à l'u-
sage, les créanciers du vendeur sont-ils déchus de toute
action en cas d'insolvabilité de ce dernier et d'insuffisance du prix ? Non, l'usage établi dans leur intérêt ne
saurait les dépouiller des prérogatives qu'ils tiennent
de la loi. Car, en cas de vente frauduleuse, ils auraient
eu l'action paulienne, rien n'autorise à la leur refuser
même lorsque la vente a été publiée. Sans doute, le fait
de la publication pourra faire présumer l'absence de
fraude, mais il ne constitue pas une preuve de la bonne
foi des parties. Si donc, et malgré la publication les
créanciers du vendeur peuvent faire la preuve du caractère frauduleux de l'aliénation et de la complicité de
l'acheteur, ils pouront agir contre ce dernier par l'action
paulienne.

Mais, dira-t-on, quel intérêt un créancier peut-il avoir
à recourir à ce moyen de droit, alors qu'il lui suffit de
faire une simple opposition entre les mains de l'acquéreur ou de son mandataire ? L'intérêt est très grand si
l'on regarde l'action paulienne comme une action réelle.
Au moyen de l'opposition, le créancier n'aurait obtenu
qu'une quote-part du prix de vente, un dividende, et
couru le risque de ne pas être payé intégralement en
cas d'insuffisance de ce prix. Par l'action paulienne, il
pourra obtenir l'annulation de la vente qui préjudicie à
ses droits. Par suite, le fonds de commerce rentrera
dans le patrimoine du vendeur, et le créancier poursui-
vant n'aura pas à souffrir de l'insolvabilité de l'acheteur.

Bien que la question soit controversée, nous sommes d'avis que le demandeur à l'action paulienne se fera indemniser sur le fonds de commerce de préférence aux autres créanciers du vendeur, et qu'il conservera pour lui seul le bénéfice de l'action, à moins que les autres créanciers n'interviennent eux-mêmes au procès.

En quelle forme doivent être faites les oppositions au paiement du prix ?

En l'absence de dispositions légales sur la matière, il faut s'en référer à l'usage. Le Code de procédure, (article 557 à 582) a déterminé d'une façon précise les règles compliquées qui régissent la forme et la procédure de la saisie-arrêt, L'opposition au paiement du prix de vente d'un fonds de commerce, étant en réalité une saisie-arrêt, va-t-on lui appliquer par analogie, les règles édictées par le Code de procédure ? Il n'y a aucune raison pour le faire ; l'usage n'assujettit, au contraire, les oppositions à aucune forme spéciale : on peut les faire par simple lettre adressée au domicile indiqué par l'annonce pour la réception des oppositions. Seulement, il pourrait arriver dans ce cas, que la lettre ne parvînt pas à sa destination, ou se trouvât perdue par le destinataire. Le créancier n'aurait ainsi aucun moyen de prouver qu'il a réellement fait opposition dans le délai voulu. Aussi l'usage s'est-il établi que l'acquéreur ou son mandataire préposé par lui à la réception des oppositions, donne reçu des oppositions par lettre au créancier opposant.

On voit combien la procédure est simple et rapide : une simple lettre du créancier à laquelle il est répondu par retour du courrier. Point n'est besoin pour le créancier, de produire un titre authentique ou sous-seing privé, ni de permission du juge, sa seule déclaration suffit pour que son opposition soit admise sauf à lui à justifier par la suite de sa qualité de créancier.

On n'exige ni les formalités de l'exploit de saisie-arrêt, ni l'assignation en validité, ni la dénonciation de cette assignation au tiers-saisi. Cela n'empêche pas le créancier, s'il le préfère, de recourir à la procédure légale de la saisie-arrêt, Mais s'il se contente d'une simple opposition, comme c'est son droit, s'il se conforme à l'usage, il ne peut exiger de l'acquéreur l'observation des règles de la saisie-arrêt. Ces règles forment un ensemble complet et il est impossible d'en retenir quelques unes et de rejeter les autres.

Par conséquent, le créancier opposant qui n'a ni observé les formalités de l'exploit, ni dénoncé son opposition au débiteur saisi, ni assigné ce dernier en validité, n'a pas le droit de citer l'acquéreur en déclaration affirmative et en paiement, comme débiteur pur et simple des causes de la saisie (Paris, 29 avril 1897, D. 98. 2. 37).

Le créancier opposant ne jouit des prérogatives accordées par l'usage que pendant le délai imparti. Après les dix jours, aucune opposition ne serait plus recevable en cette forme. Le créancier ne serait pas pour

cela déchu des droits ordinaires que lui confère sa qualité de créancier. L'usage peut bien suppléer au silence
de la loi, mais il ne peut dépouiller les citoyens des
droits qu'elle leur accorde. Le créancier aura donc
toujours la faculté de recourir à la forme ordinaire de
la saisie-arrêt, même après le délai de dix jours, tant
que l'acquéreur n'aura pas payé son vendeur. On applique ici le droit commun (Trib. civ. Seine, 23 janvier
1897. *La loi* 15 février 1897).

Pourtant, en fait, les intermédiaires acceptent généralement les oppositions faites après le délai et avant
le paiement du prix. Les créanciers opposants n'ont,
au reste, aucun intérêt à les contester, puisque le créancier en retard peut toujours recourir à la saisie-arrêt.
Les effets de l'opposition formée sur le prix de vente
d'un fonds de commerce sont à peu près les mêmes que
ceux de la saisie-arrêt. C'est ainsi que l'opposition frappe
d'indisponibilité la créance du vendeur, et que l'acquéreur ne peut pas se dessaisir du prix avant d'avoir
obtenu la mainlevée de l'opposition. Ce dernier n'est
d'ailleurs pas juge de la validité des oppositions, et
par ce seul fait qu'elles se produisent, il doit réserver
le prix. (Paris, 29 avril 1897, déjà cité). Le vendeur ne
pourra exiger le paiement du prix à lui dû qu'en rap-
portant la mainlevée des oppositions. De même que
l'opposition, la mainlevée n'est assujettie à aucune formalité particulière, un simple bon pour mainlevée
signé du créancier opposant suffira pour détruire l'effet

de l'opposition et autoriser l'acquéreur à verser le prix entre les mains du vendeur.

L'acquéreur, entre les mains duquel une opposition a été formée, a certainement la faculté de déposer le prix d'achat à la Caisse des dépôts et consignations. Peut-il y être contraint? Il faut distinguer, suivant que la demande émane du créancier opposant ou du vendeur. Si le créancier a employé la voie légale de la saisie-arrêt proprement dite, il pourra exiger ce dépôt ; mais cet effet n'est pas attaché à la simple opposition formée au paiement du prix de vente d'un fonds de commerce entre les mains du vendeur (Garsonnet, voies d'exécution, n° 101). Quant au vendeur, il pourra toujours obliger son acquéreur à déposer le prix à la Caisse. S'il en était autrement il dépendrait de l'acquéreur de se concerter avec de faux créanciers pour retarder le paiement de son prix. En cas de refus de dépôt, le vendeur serait en droit de demander la résolution de la vente avec dommages-intérêts. Après l'expiration des dix jours, l'acquéreur ou son mandataire convoque les créanciers opposants, leur demande de justifier de leurs créances, et procède, de concert avec eux et avec le vendeur, à une répartition du prix à l'amiable. Il fait signer reçu à chaque créancier du dividende qu'il reçoit, en même temps qu'il lui fait donner mainlevée de son opposition. Il peut arriver que l'entente ne s'établisse pas entre les créanciers et que la distribution amiable soit impossible. Dans ce cas, les créanciers doivent recourir à la voie de la saisie-arrêt, qui aboutira à une distribution judiciaire par contribution, telle qu'elle est réglée par les art. 656 et suiv. du Code de procédure.

Dans la distribution amiable comme dans la distribution par contribution, les créanciers sont payés au marc le franc, sans distinguer suivant les dates des oppositions. Le 1er opposant n'a pas de privilège à l'encontre du dernier, parce qu'il n'y a d'autres privilèges que ceux qui sont accordés expressément par la loi (le propriétaire pour les loyers, l'État pour les contributions directes, etc., art. 2101 et 2102, C. civ.).

Que décider si un créancier qui a fait une opposition régulière dans les délais voulus a été omis à la distribution? Que peut-il réclamer à l'acquéreur ou à son mandataire ? Le montant intégral de sa créance ou le dividende qu'il aurait touché s'il avait été compris dans la distribution? Nous penchons sans hésiter pour ce dernier parti. Que réclame après tout le créancier? La réparation d'un préjudice. Quel est ce préjudice? La privation de ce qu'il aurait obtenu si le fait qui l'a occasionné ne s'était pas produit. Or, s'il avait été compris parmi les créanciers admis à la distribution, il n'aurait touché qu'un dividende. Donc, il est indemnisé, lorsque l'acheteur du fonds lui a versé le montant de ce dividende.

C'est en vain qu'on objecterait la solution contraire donnée par la majorité des auteurs en matière de saisie-arrêt. Si on peut soutenir que la saisie-arrêt frappe la créance saisie-arrêtée d'une indisponibilité totale, et que par suite, le créancier omis a droit au remboursement total de sa créance, on ne peut étendre cette solution, déjà contestée, du reste, dans l'hypothèse prévue, à une matière où l'usage vient combler les lacunes de la loi, et où on doit tenir un grand compte de l'équité.

Tout au plus reconnaîtrions-nous ce droit au créancier omis, en cas de mauvaise foi de l'acquéreur.

Quelle sera la juridiction compétente relativement aux contestations que pourront faire naître les oppositions ?

Ce sera en principe la juridiction consulaire. Mais lorsque, dans les hypothèses que nous avons signalées, un ou plusieurs créanciers auront procédé par voie de saisie-arrêt, ou lorsque la distribution par contribution aura remplacé la répartition amiable, par suite du dissentiment des créanciers, la compétence reviendra aux tribunaux civils.

Telles sont les règles établies par l'usage relativement aux publications des ventes de fonds de commerce et aux oppositions des créanciers.

Deuxième obligation. — Prise de possession ou de livraison.

L'acheteur doit prendre livraison de la chose vendue à l'époque fixée par la convention ou par l'usage. A défaut de terme fixé par la convention, ou par l'usage, l'acheteur doit prendre livraison immédiatement.

Cette obligation de l'acheteur est sanctionnée par le droit, qu'a le vendeur, de demander la résolution de la vente, par application de l'article 1184 du Code civil.

La résolution est ici la seule sanction de l'obligation de prendre livraison. Mais pour les auteurs qui admettent que le fonds de commerce est un corps certain, il existe une autre sanction, qui ressort des dispositions de l'article 1164 du Code civil : « Si la chose due est un corps certain qui doit être livré au lieu où il se trouve, *dispose cet article*, le débiteur doit faire sommation au créancier de l'enlever, par acte notifié à sa personne ou à son domicile, ou au domicile élu pour l'exécution de la convention. Cette sommation faite, si le créancier n'enlève pas la chose et que le débiteur ait besoin du lieu dans lequel elle est placée, celui-ci pourra obtenir de la justice la permission de la mettre en dépôt dans quelque autre lieu ».

La résolution n'a pas lieu de plein droit ; elle doit être demandée en justice. Il y a un cas cependant dans lequel une vente peut être résolue de plein droit et sans sommation. C'est celui qui est prévu par l'article 1657 du Code civil, ainsi conçu : « En matière de vente de denrées et effets mobiliers, la résolution de la vente aura lieu de plein droit et sans sommation, au profit du vendeur, après l'expiration du terme convenu pour le retirement ». Bien que l'opinion contraire ait été soutenue,

les dispositions de cet article sont certainement applicables en matière commerciale. La jurisprudence est
constante en ce sens (Cass. 19 février 1873. S. 1873. 1.
273. P. 1873. 663 ; Rennes 2 juillet 1873. S. 1874, 2. 54.
P. 1874. 327 ; Cass. 11 juillet 1882, S. 1882, 1. 272).

Mais la loi dit « *en matière de denrées et effets mobiliers* », et comme il s'agit là d'une disposition qui
déroge au droit commun, elle ne peut être étendue et
appliquée aux fonds de commerce.

VII. — Droits du vendeur non payé.

Les droits du vendeur non payé sont, sauf les excep-
tions que nous venons de relever, les mêmes que dans
toute vente commerciale. Lorsque la vente a eu lieu
sans terme, le vendeur a le droit de rétention (art. 1612);
il a le droit de refuser de livrer le fonds vendu tant
qu'il n'est pas payé, et dans tout les cas, que la vente
soit à terme ou sans terme, le vendeur non payé a un
privilège et le droit de demander la résolution de la
vente (art. 1654). Mais le privilége et le droit de revendication ne subsistent que si le fonds de commerce se
trouve toujours en la possession du débiteur. En cas de
revente du fonds par le successeur immédiat, le droit
de revendication se trouve paralysé et le privilège ne
s'exerce plus que sur le prix de la vente ou plutôt de la
revente consentie par lui, et non pas sur le prix des
reventes ultérieures (Trib. civ. Seine, 15 février 1897.
La loi, 2 mars 1897.

Les droits du vendeur non payé ne sont pas garantis
aussi énergiquement en matière commerciale qu'en
matière civile. En effet, d'après l'article 550 du Code de
commerce, modifié par la loi du 22 février 1872, le privilège et le droit de revendication établis par le n° 4 de
l'article 2102 du Code civil au profit du vendeur d'effets
mobiliers, ne peuvent être exercés contre la faillite. La
faillite de l'acquéreur anéantit les garanties du vendeur.
Ainsi qu'il résulte de la discussion de la loi de 1872,
l'article 550 du Code de commerce s'applique aux
meubles incorporels comme aux meubles corporels, et,
par suite, au fonds de commerce tout entier. Mais nous
pensons que conformément à l'article 576, les marchandises vendues au failli pourraient être revendiquées
(sauf l'exception du § 2), tant qu'elles ne sont pas arri-
vées dans ses magasins ou dans ceux de son commis-
sionnaire. On suppose ici que le vendeur du fonds de
commerce avait acheté des marchandises dont la livraison n'avait pas été faite au moment de la vente dudit
fonds, ni même au moment de la faillite de l'acheteur,
auquel le vendeur avait cédé les marchandises comprises dans un marché, en même temps que celles de
son fonds. Cette hypothèse se rencontre dans certains genres de commerce, où il est d'usage de s'appro-
visionner au moyen de marchés à livrer sur une longue
période. Cette solution, qui n'est pas admise par tous
les auteurs, résulte de ce que le fonds de commerce
n'est pas, ainsi que nous l'avons dit, un meuble uni-

quement et simplement incorporel, mais un meuble à
la fois corporel et incorporel.

L'article 550 ne parle que du privilège du vendeur et
du droit de revendication. Il ne dit rien de l'action en
résolution. Faut-il en conclure que, l'article 550 étant
exceptionnel et par suite, d'une application étroite et
restrictive, l'action en résolution subsiste à l'encontre
de la faillite? La négative prévaut. On fait remarquer
combien il serait illogique de laisser au vendeur le droit
de résolution, alors que son privilège et son droit de
revendication, bien moins dangereux pour les créanciers de l'acquéreur, lui seraient enlevés. On s'appuie
encore sur ce fait, que les articles 576 et 577 du Code
de commerce entendent désigner le droit de résolution
sous le nom de droit de revendication, et lorsque les
marchandises ont été livrées dans les magasins de
l'acheteur, le droit de résolution disparaît (Lyon-Caen
et Renault).

La jurisprudence va même jusqu'à décider que la
convention des parties ne peut rien changer à cela, et
ne saurait conserver au vendeur non payé, son droit de
résolution, à l'encontre de la faillite de l'acheteur
(Rennes, 23 août 1847. D. 49.2.111).

Cette solution se comprend, puisqu'une convention
n'oblige jamais que les parties contractantes et ne peut
pas préjudicier aux tiers qui y sont restés étrangers.

Enfin le droit de rétention, n'étant pas mentionné à
l'article 550, n'est pas comme le droit de revendi-

cation éteint par la faillite de l'acheteur. Conformément
à l'article 577, C. com., le vendeur non payé qui n'aurait
pas encore livré le fonds de commerce lors de la faillite
de l'acheteur, pourrait sans doute le retenir.

La faillite de l'acheteur met bien obstacle à l'exercice ultérieur des droits qui appartiennent au vendeur,
mais elle ne peut pas faire disparaître ceux que le vendeur a déjà exercés ; donc, si lors de la faillite, le vendeur a déjà intenté antérieurement l'action en revendication ou en résolution, quand bien même la faillite
serait prononcée *pendente lite*, l'action devra réussir,
(Cass, civ., 24 décembre 1889. D. 90. 1. 161.)

VIII. — Preuve de la vente

Le Code de commerce s'est occupé, dans son art. 109,
des modes de preuve dont la vente commerciale est
susceptible. C'est même à cette occasion qu'il parle des
achats et ventes ; il ne s'en est pas occupé à d'autres
points de vue. L'achat et la vente d'un fonds de commerce étant, comme nous l'avons dit, des actes commerciaux, les modes de preuve applicables à la vente
commerciale seront admis par là même, pour la vente
des fonds de commerce.

L'art. 109 énumère sept modes de preuve, énumèra-
tion qui n'est pas du reste limitative et qui n'exclut pas,
malgré son silence, l'aveu, le serment et les présomp-
tions de l'homme.

Quatre modes de preuve s'appliquent plus particulièrement à la vente des fonds de commerce : l'acte public, l'acte sous-seing privé, la correspondance et la
preuve testimoniale.

De l'acte public, nous n'avons rien à dire, les principes
généraux sont ici souverains. Il est rare d'ailleurs que
les parties recourent à ce mode de preuve.

Le plus souvent les ventes de fonds de commerce se
constatent par actes sous-seings privés, suivant l'usage
général du commerce. Il y a quelques différences à signaler entre ceux-ci et les actes sous-seings privés destinés à constater des contrats civils.

Les conditions de l'article 1328, pour donner à l'acte
date certaine, sont inutiles en matière commerciale
(Nancy, 19 février 1890, D. 91.2.283). Nous ne faisons
que reproduire ici les principes généraux, applicables
aux fonds de commerce.

La preuve par correspondance est moins usitée. Elle
ne peut résulter que du rapprochement des lettres ou
des télégrammes des deux parties. Pour éviter la fraude
et faciliter ce rapprochement, l'article 8 C. com., prescrit aux commerçants, la tenue régulière d'un livre de
copies de lettres et la conservation en liasse des lettres
qu'ils reçoivent.

La vente d'un fonds de commerce peut également se
prouver par témoins, puisque cette preuve est admise
en matière commerciale, même au-dessus de 150 francs,
et contre et outre le contenu aux actes. On peut donc

recourir à ce moyen de preuve soit pour prouver ce qui n'est pas constaté dans un acte écrit, soit même pour démontrer la fausseté de ce qui y est relaté. Du reste, l'article 109 subordonne l'admission de la preuve testimoniale à la décision du juge, investi à cet égard d'un pouvoir discrétionnaire.

IX. — Compétence

Devant quelle juridiction doivent être portées les contestations relatives aux ventes de fonds de commerce ?

La solution a déjà été pressentie après tout ce que nous avons dit : la vente et l'achat d'un fonds de commerce étant essentiellement des actes de commerce, les difficultés litigieuses qui peuvent s'élever à ce sujet sont de la compétence des tribunaux de commerce. (Art. 631. 3° c. com.). La vente d'un fonds de commerce ne relevant de la juridiction consulaire que parce qu'elle constitue un acte de commerce, il suit de là que, toutes les fois qu'elle ne peut être regardée comme commerciale, la vente d'un fonds de commerce sera de la compétence des tribunaux civils. Par exemple le vendeur n'est pas commerçant, et le fonds lui est échu dans une succession. La vente du fonds est pour lui un acte civil, le tribunal civil en connaîtra, si l'instance est engagée par l'acheteur.

La vente peut avoir un caractère mixte : être commerciale à l'égard d'une des parties contractantes et civile

pour l'autre. Quelle est la juridiction qui doit l'em-
porter ? On applique ici la maxime : « *Actor sequitur
forum rei* ». On considère la qualité de l'acte à l'égard
du défendeur, pour déterminer le tribunal compétent.
La vente est-elle commerciale pour le défendeur et
civile pour le demandeur, c'est devant le tribunal consulaire que le litige sera porté ; dans le cas contraire,
c'est le tribunal civil qui sera saisi de l'affaire. La
jurisprudence adopte un autre système : la partie pour
laquelle l'acte litigieux est civil ne peut être citée que
devant les juges civils, et l'adversaire pour qui l'acte
est commercial, pourra être appelé devant le tribunal
civil ou devant le tribunal consulaire, au choix de
l'autre partie (Aix, 15 janvier 1884. D. 1885.2.49. —
Cass., 30 juillet 1884. D. 1886.1.193).

Lorsqu'il y a plusieurs défendeurs et que la vente
est civile pour les uns et commerciale pour les autres,
le procès est de la compétence du tribunal civil, juridiction de droit commun.

Nous avons vu que le propriétaire d'un établissement
de commerce pouvait être également propriétaire de
l'immeuble où il est installé. L'établissement et l'immeuble peuvent faire l'objet d'une seule et même vente,
et cette vente sera tout à la fois civile pour l'immeuble
et commerciale pour l'établissement, qui est une chose
mobilière. Si des contestations s'élèvent, quel sera le
tribunal compétent? On recherche ici quel est l'élément

le plus important de la vente. Si c'est l'immeuble, ce
se sera le tribunal civil, si c'est le fonds de commerce,
ce sera le tribunal consulaire. On applique la maxime :
« *accessorium sequitur principale* ». (Trib. de com. du
Havre 6 juillet 1880).

Les obligations qui naissent de la vente sont de la
connaissance du tribunal de commerce, mais seulement celles-là. Par exemple, si l'acheteur du fonds
à cédé en paiement au vendeur, des créances civiles
qu'il a contre des tiers, le vendeur ne peut pas assigner
ces derniers devant le tribunal de commerce. Il est bien
vrai que l'action en paiement du prix et les actions
contre les débiteurs de l'acheteur dérivent du même
titre et tendent, pour le vendeur, à la réalisation du prix ;
mais il est impossible d'admettre qu'un débiteur d'une
dette purement civile, puisse être enlevé à ses juges
naturels, pour être traduit devant une juridiction exceptionnelle par l'effet d'une convention à laquelle il est
resté étranger. Le fait qu'il n'a pas protesté contre la
cession, faite par son créancier, de l'obligation à sa
charge, ne peut impliquer de sa part une adhésion à
une semblable conséquence. (Contra, Colmar, 19 juin
1841. D. Rép. v° Acte de commerce n° 72).

Enfin les obligations qui naissent de quasi-délits et
qui dérivent d'actes de commerce faits entre commerçants sont aussi de la compétence des tribunaux de commerce. Par conséquent, si le vendeur se livre à des actes
de concurrence déloyale vis-à-vis de l'acheteur, l'action

en dommages-intérêts qui en résultera pour ce dernier
devra être portée devant la juridiction commerciale
(Paris, 28 avril 1866, S. 66. 2. 314).

Ces règles de compétence peuvent être complétées par
les articles, soit du Code de procédure, soit du Code de
commerce, applicables à la matière et dont nous ne nous
occupons pas parce qu'ils contiennent des dispositions
d'ordre général qu'il suffit de signaler (420 C. Pr., 446,
500, 635 C. com.).

X. — De la vente publique des fonds de commerce.

Il y a lieu de recourir à la vente publique du fonds de
commerce dans tous les cas exigés par la loi.

Le vendeur lui-même peut préférer la vente aux
enchères, lorsqu'il espère obtenir un prix plus élevé par
ce moyen. La vente aux enchères sera obligatoire, par
exemple, en cas de saisie-exécution (art. 612 C. Pr.), de
vente de biens de mineurs ou d'interdits (art. 452 et
509 C. civ., de biens dépendant d'une succession
acceptée sous bénéfice d'inventaire (art. 796 § 2 C. civ),
de biens communs qu'on ne peut partager de gré à gré
et qu'il faut liciter (art. 1686 C. civ.), ou encore de biens
appartenant à un débiteur qui a fait cession de biens à
ses créanciers (art. 1269 C. civ. et 904 C. Pr.) et aussi
en cas de faillite si le juge commissaire en décide
ainsi (art. 486 et 570 Com.).

Si le fonds de commerce appartient à un mineur, la vente ne pourra s'en faire que conformément à la loi du 27 février 1880, relative à l'aliénation des valeurs mobilières appartenant aux mineurs, puisqu'il est admis que cette loi s'applique à tous les meubles incorporels des mineurs, et aussi conformément à l'article 452 du C. civ.

Une question spéciale s'élève pour les ventes publiques de fonds de commerce. Quel est l'officier ministériel compétent pour procéder à ces ventes ? La question est controversée, et la solution varie d'après le caractère juridique qu'on reconnaît aux fonds de commerce. Celui-ci est-il un meuble incorporel ? Alors la vente devra en être opérée par le ministère des notaires. Si c'est un meuble corporel, on aura recours aux commissaires-priseurs. Mais, nous l'avons vu, un fonds de commerce comprend à la fois des meubles corporels et des meubles incorporels. Va-t-on scinder ces éléments différents, pour confier la vente des meubles corporels aux com-missaires-priseurs, et celle des meubles incorporels aux notaires? D'après la rigueur des principes, et sans se préoccuper de l'absurdité des conséquences, il faudrait répondre oui.

Mais il est aisé de comprendre que la vente faite dans ces conditions ne peut produire de résultat utile, car l'achalandage et le droit au bail, d'une part, le matériel et les marchandises, d'autre part, pourront échoir à des acquéreurs différents. C'est même, disons-

le en passant, cette considération qui a conduit les tribunaux à attribuer aux fonds de commerce une nature
juridique uniforme. La vente d'un fonds de commerce,
si l'on veut qu'elle donne toute son utilité pour l'acquéreur, doit être faite en bloc, par le ministère d'un seul
et même officier ministériel. Et alors, la question se
précise : quel sera l'officier compétent pour procéder à
à la vente du fonds? La solution varie suivant que le
fonds est considéré comme meuble corporel ou meuble
incorporel.

Dans l'opinion de ceux qui attribuent au fonds de
commerce un caractère incorporel dans tous les cas, les
éléments matériels n'étant jamais que l'accessoire,
quelle que soit d'ailleurs leur importance, la vente sera
confiée au notaire. (Lyon-Caen et Renault, *op. cit.* III,
255, Cass., 23 mars 1836 S. 36. 1. 161 Riom.,
30 mars 1892 S. 94. 2. 237). Si l'on admet que les
éléments essentiels d'un fonds de commerce sont tantôt
les éléments incorporels, tantôt les éléments corporels,
suivant leur importance pécuniaire respective, on doit
en conclure que la vente sera confiée tantôt aux
notaires, tantôt aux commissaires-priseurs. (Lyon,
23 mars 1893. S. 94. 2. 237 ; Cass., 25 juin 1895. S.
95. 1. 409).

D'une manière générale, les tribunaux reconnaissent
que les éléments incorporels sont les éléments domi-
nants d'un fonds de commerce et lui communiquent
leur nature juridique ; en conséquence, ils consacrent

la compétence exclusive des notaires pour en opérer la vente. (Trib. civ. de Lyon, 6 février 1895 *Gaz. du Pal.* 95. 2. 359).

Malgré ce que nous avons dit au début de ce travail sur le caractère juridique du fonds de commerce, nous nous rangeons à l'avis des partisans de la compétence des notaires. Si le fonds de commerce a une nature complexe, il n'est pas moins vrai que les éléments qui le composent empruntent principalement leur valeur pécuniaire à leur juxtaposition, ils se servent en quelque sorte de support les uns aux autres, la vente en bloc s'impose donc, si l'on ne veut pas déprécier le fonds de commerce en le disloquant.

D'autre part, la rédaction de l'acte de vente est toujours plus ou moins compliquée, et à ce point de vue, les notaires sont plus qualifiés que les commissaires-priseurs pour la faire. Aussi, en présence des inconvénients et de l'impossibilité pratique d'en aliéner séparément les divers éléments, préférons-nous dire que les ventes de fonds de commerce doivent être toujours confiées aux soins des notaires, qu'elle que soit, d'ailleurs l'importance respective de ses éléments.

XI. — Droits d'enregistrement sur les ventes de fonds de commerce

La loi du 28 février 1872 a modifié profondément les règles fiscales applicables à l'enregistrement des fonds de commerce, jusqu'alors contenus dans la loi du 22 frimaire au VII. Rappelons, tout d'abord, les dispositions de celle-ci.

1° *Législation de l'an VII*.

La loi du 22 frimaire an VII sur l'enregistrement, (art. 69 § V, 1°) avait assujetti au droit proportionnel de 2 0/0 les ventes d'objets mobiliers quelconques. Par suite, les ventes de fonds de commerce étaient passibles de ce même droit, au moins en ce qui concernait les marchandises neuves et le matériel servant à l'exploitation.

La cession du droit au bail était soumise à un droit de 0 fr. 25 0/0 ; quant à l'achalandage, il y avait controverse : les uns soutenaient que la cession était passible du même droit de 1/4 0/0 ; les autres la soumettaient au droit de 1 0/0 comme les cessions de créances. La controverse n'a plus aujourd'hui aucun intérêt.

2° *Loi du 28 février 1872*.

La loi de 1872 a assimilé en plusieurs points les ventes de fonds de commerce aux ventes immobilières. Tandis que sous le régime de l'an VII, le droit d'enregistrement était établi sur l'acte, c'est-à-dire sur l'écrit ; depuis la loi de 1872, il porte sur la mutation elle-même. Cette loi a donc transformé le droit d'acte en droit de mutation. Elle a eu pour but d'empêcher les parties de se soustraire au paiement du droit en ne rédigeant aucun écrit. L'article 8 fixe les délais d'enregistrement et détermine les pénalités encourues au cas de contravention. « Les actes sous signatures privées contenant mutation de propriété de fonds de commerce ou de clientèles (cette disposition met ainsi fin à la controverse signalée ci-dessus au sujet du droit frappant la cession de la clientèle), sont enregistrées dans les 3 mois de leur date. A défaut d'acte constatant la mutation, il y est suppléé par des déclarations détaillées et estimatives faites au bureau de l'enregistrement de la situation du fonds de commerce ou de la clientèle, dans les trois mois de l'entrée en possession ».

Pour la sanction du défaut d'enregistrement ou de déclaration dans le délai ci-dessus, le même article 8 renvoie à l'art. 14 §§ 1, 2 et 3 de la loi du 23 août 1871, ainsi qu'aux articles 12 et 13 de la même loi relativement aux dissimulations dans les prix de vente.

Par conséquent, et d'après l'article 14 susmentionné, à défaut d'enregistrement ou de déclaration dans le délai de trois mois, l'ancien et le nouveau possesseur du fonds de commerce « sont tenus personnellement et sans recours, nonobstant toute stipulation contraire, d'un droit en sus, lequel ne peut être inférieur à 50 francs. » Cependant, l'ancien possesseur peut s'affranchir du droit en sus qui lui est personnellement imposé, ainsi que du versement immédiat du droit simple, en déposant dans un bureau d'enregistrement l'acte de vente, ou à défaut d'acte, en faisant une déclaration de vente dans le mois qui suit l'expiration du délai déjà accordé par l'article 11 de la loi du 23 août 1871 et par l'article 4 de la loi du 27 ventôse an IX, (trois mois à partir de l'entrée en possession).

Toute dissimulation dans le prix de vente est punie, par l'article 12, d'une amende égale au quart de la somme dissimulée, et payée solidairement par les parties, sauf à la répartir entre elles par égale part.

L'article 13 est ainsi conçu : « La dissimulation peut être établie par tous les genres de preuves admises par le droit commun. Toutefois, l'administration ne peut déférer le serment décisoire et elle ne peut user de la preuve testimoniale que pendant 10 ans, à partir de l'enregistrement de l'acte. »

« L'exploit d'ajournement est donné, soit devant le juge du domicile de l'un des défendeurs, soit devant celui de la situation des biens, au choix de l'administration. La cause est portée, suivant l'importance de la réclamation ; devant la justice de paix ou devant le tribunal civil. Elle est instruite et jugée comme en matière sommaire ; elle est sujette à appel, s'il y a lieu. Le ministère des avoués n'est pas obligatoire, mais les parties qui n'auraient pas constitué avoué, ou qui ne seraient pas domiciliées dans le lieu ou siège la justice de paix, ou le tribunal, seront tenues d'y faire élection de domicile ; à défaut de quoi, toutes significations seront valablement faites au greffe. »

« Le notaire qui reçoit un acte de vente..... est tenu de donner lecture aux parties des dispositions du présent article et de celles de l'article 12 ci-dessus. Mention expresse de cette lecture sera faite dans l'acte, à peine d'une amende de 10 francs. »

Il se peut que les parties, sans user de dissimulation dans la fixation du prix de vente, aient stipulé, de bonne foi, un prix inférieur à la valeur réelle du fonds de commerce. Le § 4 de l'article 8 de la loi du 28 février 1872, prévoit cette hypothèse; « L'insuffisance des prix de vente des fonds de commerce ou des clientèles peut également être constatée par expertise, dans les trois mois de l'enregistrement de l'acte ou de la déclaration de la mutation. — Il sera perçu un droit en sus sur le montant de l'insuffisance, outre les frais d'expertise s'il y a lieu, et si l'insuffisance excède un huitième ».

Le but de la loi se dégage clairement, elle veut em‑ pêcher les mutations secrètes de fonds de commerce, non pas, hâtons-nous de le dire, dans un intérêt de publicité pour les tiers, mais dans un simple intérêt fiscal. Et l'importance qu'elle attache à ce résultat, est tel, que l'article 9 de la loi de 1872 admet tous les moyens de preuve en vue d'arriver à la constatation de la mu- tation. « La mutation de propriété des fonds de com- merce ou des clientèles est suffisamment établie, pour la demande et la poursuite des droits d'enregistrement, et des amendes : 1° par les actes ou écrits qui révèlent l'existence de la mutation ou qui sont destinés à la rendre publique (actes authentiques ou sous-seings privés, jugements, actes extra-judiciaires, etc.) ; 2° Et aussi par l'inscription aux rôles des contributions du nom du nouveau possesseur, et des paiements faits en vertu de ces rôles, sauf preuve contraire ». C'est donc à l'Administration de l'enregistrement à prouver la mutation, et cela par les moyens mis à sa disposition par la loi ; mais les intéressés peuvent aussi faire la preuve contraire, c'est-à-dire démontrer, par exemple, qu'ils ne sont pas propriétaires du fonds, bien que l'Administration produise un certificat d'inscription au rôle ; en un mot, elles peuvent prouver que la mutation n'a pas eu lieu. Les tribunaux ont d'ailleurs tout pouvoir pour apprécier la valeur des preuves avancées.

Il nous reste maintenant, après avoir indiqué les précautions prises par la loi pour arriver à la perception du droit de mutation, et le but du législateur, à parler du droit lui-même et de son assiette.

C'est l'art. 7 de la loi qui le détermine. Le législateur maintient le droit de 2 0/0 établi par la loi du 22 frimaire an VII pour les ventes mobilières, et il a énuméré les éléments du fonds qui en seraient frappés. « Ce droit est perçu sur le prix de la vente de l'achalandage, de la cession du droit au bail et des objets mobiliers ou autres servant à l'exploitation du fonds, à la seule exception des marchandises neuves garnissant le fonds. » Par conséquent, on ne distingue plus, comme sous l'empire de la loi de frimaire, entre le droit au bail, la clientèle et les autres parties du fonds de commerce. Le droit de 2 0/0 frappe unifor-

mément tous les éléments du fonds, excepté les marchandises neuves.

Toutefois, des fraudes sont encore possibles. La cession du droit au bail ne donne lieu à l'application du
tarif de 2 0/0, que lorsqu'elle est faite dans l'acte
même du fonds de commerce. Lorsqu'elle a lieu par
acte séparé et à titre gratuit, comme conséquence de
la vente, elle ne subit qu'un droit de 0 fr. 20 0/0.
Il y a lieu de craindre que, dans ce cas, le droit au
bail ne soit cédé pour un loyer annuel supérieur
au loyer primitif. Les parties peuvent avoir recours à
ce subterfuge pour soustraire au droit de 2 0/0 une
portion du prix de vente qui se trouverait ainsi repor-
tée sur la cession du bail. Aussi le droit de 2 0/0
frappe-t-il alors, non pas seulement le prix de vente
du fonds, mais encore la différence entre la somme
des loyers stipulés par le propriétaire et le montant des
loyers promis par le cessionnaire au cédant. Si, par
exemple, le local est loué par le vendeur du fonds
pour une somme de 8,000 fr. et que le droit au bail
soit cédé pour 10,000 fr., le droit de 2 0/0 frappera le
prix de la cession pour autant de fois 2,000 fr.
(10,000 — 8,000) qu'il restera d'années à courir (Trib.
civ. de la Seine, 22 février 1884 D. 84, 3. 103).

Les marchandises neuves garnissant le fonds sont
exceptées du droit de 2 0/0 ; elles ne sont assujetties
qu'à un droit de 50 centimes par 100 francs. Mais pour
que les parties contractantes profitent de cet abaisse

ment de tarif, l'article 7 de la loi exige deux conditions : 1° qu'un prix particulier soit stipulé pour elles dans l'acte ; et 2° qu'elles soient désignées et estimées article par article dans le contrat ou la déclaration. Si ces formalités ne sont pas observées, le droit de 2 0/0 est perçu sur les marchandises neuves comme sur les autres parties du fonds de commerce.

Lorsque le droit de 2 0/0 a été perçu sur la totalité du prix de vente, y compris les marchandises, les parties ayant d'ailleurs stipulé un prix séparé pour ces dernières, mais sans avoir dressé d'état estimatif, un délai de deux ans est accordé, pendant lequel cet état pourra être fait. Moyennant l'accomplissement de cette formalité, les intéressés pourront se faire restituer par l'Administration la différence entre la somme perçue sur le prix des marchandises et celle qui l'aurait été si on avait pris pour base le droit de 0 fr. 50 0/0. (Loi du 22 frimaire an VII art. 61 § 2).

Il n'est pas nécessaire que le prix soit stipulé et l'état estimatif dressé dans l'acte même de vente ; ils peuvent l'être dans un acte séparé.

De même, la désignation article par article signifie qu'on doit énumérer la quantité de chaque espèce de marchandises avec le prix de l'unité, et non pas chaque objet en particulier.

Tout ce qui précède s'applique non seulement à la vente du fonds de commerce, mais encore à toute mutation de propriété à titre onéreux. On exclut donc les mutations de jouissance, ou d'usufruit ; mais, par contre, toute mutation de propriété à titre onéreux est soumise au droit, par exemple, l'échange, la transaction.

En ce qui concerne les mutations à titre gratuit, la jurisprudence est divisée. Mais la solution ne comporte aucun doute, l'art. 7 de la loi du 28 février 1872 est formel, il ne vise que les mutations à titre onéreux. Les mutations à titre gratuit dérivant des donations et des legs sont soumises à des droits variables suivant le degré de parenté qui unit le donateur au donataire, ou le défunt aux légataires.

C'est d'ailleurs à l'administration à prouver que l'acte est à titre onéreux.

Enfin, la loi du 28 février 1872 ne régit pas la vente de fonds de commerce faite à la suite de faillite. La vente est alors soumise au droit de 0 fr. 50 par 100 francs.

XII. — Des effets de la vente d'un fonds de commerce à l'égard des tiers. Nécessité d'une réforme.

Nous avons vu que, pour déjouer les fraudes auxquelles pouvaient donner lieu les ventes de fonds de commerce vis-à-vis des créanciers du vendeur, un usage s'était établi dans la plupart des villes de France, consistant à publier ces ventes dans des journaux d'annonces et à retarder le versement du prix entre les mains du vendeur, jusqu'à l'expiration d'un délai, variable suivant les localités, et qui, à Paris, est de dix jours. Nous avons déterminé la portée et les effets de cet usage, et nous avons constaté qu'en présence du silence de la loi, on ne pouvait lui reconnaître de caractère obligatoire.

Les incertitudes de la jurisprudence n'ont pas laissé que d'inquiéter les commerçants, et l'opinion générale à l'heure présente, est qu'une loi, réglant la matière avec précision, apporterait plus de sécurité dans les relations commerciales. D'où vient que le législateur se soit à ce point désintéressé du trouble que pouvait apporter dans le monde des affaires l'absence de toute publicité dans des transactions qui intéressent, non seulement les parties contractantes, mais encore les tiers ayant traité avec elle?

Nous abordons ici une matière qui touche à la fois à la vente des fonds de commerce, et à leur dation en nantissement. Nous nous trouvons ainsi tout naturellement amenés à associer dans une même étude au point de vue de leur publicité, la vente et le nantissement des fonds de commerce.

La publicité des transactions, nécessaires à la sauvegarde des intérêts des tiers et par suite, à l'établissement et à la prospérité du crédit privé, n'a point préoccupé les rédacteurs du Code civil, en ce qui touche la fortune mobilière.

La propriété immobilière a seule été l'objet de leur sollicitude, et encore n'est-ce qu'en matière d'hypo-

thèque qu'ils ont songé à organiser cette publicité, garantie indispensable de tout crédit.

Quant à la propriété mobilière, la défaveur avec laquelle ils l'ont traitée, apparaît à chaque page du Code
civil. Toutefois l'essor prodigieux qu'elle a acquis dans
le cours de ce siècle a amené le législateur à prendre des
mesures protectrices de toute une catégorie de biens qui
constitue, à l'heure actuelle, une notable portion de la
fortune des particuliers, et dont l'importance n'a
d'égale que la variété des aspects sous lesquels elle se
présente.

Les dispositions législatives qui ont comblé, en matière de publicité, les lacunes du Code civil, sont conte-
nues : pour les immeubles, dans la loi du 23 mars 1855,
et pour les meubles, dans les lois du 28 mai 1858 sur
les marchandises déposées dans les magasins généraux,
du 10 décembre 1874 et du 10 juillet 1885, relatives à
l'hypothèque des navires, du 1er mars 1898 sur la publicité du nantissement des fonds de commerce, et du 18
juillet 1898 sur les warrants agricoles.

Bien que la fortune mobilière, n'eut pas encore pris,
à l'époque de la promulgation du Code civil, l'extension que nous lui voyons aujourd'hui, il y en avait au
moins une fraction qui eût dû attirer l'attention et la
sollicitude du législateur, comme les actions ou intérêts
dans les compagnies de finances, de commerce ou d'industrie, dont il est question à l'art. 529 du C. civ.

Les fonds de commerce sont aussi une partie importante du patrimoine des particuliers, et ce n'est pas sans raison que l'ancienne législation coutumière de la France les considérait généralement comme des immeu· bles fictifs (V. supra — (Pothier, Traité des choses, art. 2, § 2).

C'est donc au dédain du législateur de l'an XII pour la propriété mobilière qu'il faut attribuer son silence en une matière qui intéresse au plus haut point les rela· tions commerciales. Les inconvénients pratiques qui résultent du défaut de publicité obligatoire des ventes de fonds de commerce ont éveillé depuis long-temps déjà l'attention des pouvoirs publics. Sur l'initiative de la Chambre de commerce de Dijon, une enquête fut faite auprès de toutes les chambres de commerce, en vue de savoir s'il ne serait pas avantageux de donner la sanction législative à l'usage de publier les ventes de fonds de commerce. Cette enquête aboutit à une proposition de loi qui fut présentée au Sénat, le 18 juillet 1885 par MM. Mazeau et Dietz-Monin (*Journal officiel* du 7 février 1886 Sénat, Annexe 339). Il s'agissait d'ajouter la disposition suivante à l'article 109 du Code de Commerce.

« Toute vente ou cession de fonds de commerce sera, à la diligence de l'acquéreur, publiée sous forme d'extrait ou d'avis, dans un journal du ressort du tribunal de commerce où se trouve le fonds vendu, ou, à défaut, dans un journal de l'arrondissement, l'un ou l'autre désignés chaque année par ce tribunal. »

« Cette publication contiendra élection de domicile dans le ressort, elle sera renouvelée le 5° et le 10ᵉ jour après la première insertion. »

« Tout créancier du vendeur pourra, pendant quinze jours francs à partir de cette insertion, former au domicile élu, opposition au paiement du prix. »

« L'acquéreur qui, sans publications, ou avant l'expiration de ce délai, aura payé au vendeur, ne sera pas libéré à l'égard des tiers. »

La fin de la législature empêcha cette proposition de loi d'aboutir.

Elle mériterait assurément l'honneur d'un examen sérieux de la part des Chambres. Si ces dispositions étaient adoptées, elles remédieraient aux fraudes fréquentes que nous avons signalées. L'usage presque universellement observé, deviendrait ainsi une loi d'ordre public. De quoi le monde du commerce se plaindrait-il? La loi ainsi établie n'émanerait-elle pas, en quelque sorte, de son initiative propre, puisqu'il en exécute déjà spontanément les dispositions? Elle aurait aussi l'avantage, telle qu'elle serait rédigée, de ne rien changer à des habitudes déjà enracinées, puisqu'elle ne fait que sanctionner l'usage dans la forme même où il est pratiqué.

Un usage répond toujours et forcément à un besoin social, général ou local ; du jour où il devient loi, n'est-ce pas, en quelque sorte, le mettre sous l'égide de la force publique, et assurer ainsi plus efficacement la satisfaction des besoins et des intérêts sociaux tels qu'ils se manifesfent ?

On a pourtant soulevé des objections et des critiques contre ce projet ; on a dit d'abord que l'usage devait suffire parce que la plus sûre garantie du commerçant était encore la prudence qu'il apportait dans la conduite de ses affaires commerciales. Il est aisé de répondre que, quelle que soit la prudence du commerçant, il est impossible qu'elle se trouve toujours, et d'une façon certaine, à l'abri des surprises, elle a besoin d'être, en quelque sorte secondée, et l'appui de la loi ne peut que lui être très profitable. Sans doute, la réglementation à outrance est un écueil, que doit chercher à éviter avec soin un législateur intelligent et soucieux des intérêts généraux auxquels il a mission de veiller ; mais dans la matière qui nous occupe, l'interêt général s'est manifesté par l'observation continue d'un usage déjà ancien. Le commerçant est impuissant à se protéger lui-même contre des fraudes qui lui sont préjudiciables, et la loi qui viendrait à son aide en mettant à sa disposition la sanction qui manque à de simples usages, serait une loi opportune.

La seconde objection porte sur l'inconvénient qu'il y aurait à mettre ainsi le public au courant des affaires des commerçants. La vente d'un fonds de commerce est un contrat de nature essentiellement privée, on ne peut obliger le vendeur et l'acheteur à le rendre public. On oublie que ce contrat essentiellement privé intéresse souvent les tiers; et que c'est précisément dans l'intérêt de ces derniers que la réforme est demandée.

Dans les rapports du vendeur et de l'acheteur, le contrat est bien d'ordre tout à fait privé, aussi le projet de loi ne dit-il pas qu'il ne produira aucun effet entre les parties contractantes, au contraire, il continuera à produire tous ses effets. Si l'acheteur a une confiance absolue en son vendeur, rien ne l'empêche d'exécuter le contrat sans publicité; il le fait à ses risques et périls, voilà tout. Si le vendeur est honnête, il n'en résultera aucun inconvénient. Mais vis-à-vis des tiers qui ont traité avec le vendeur, il n'est plus vrai de dire que le contrat soit essentiellement privé. Il les intéresse aussi bien que les parties contractantes, et il est nécessaire qu'ils soient avertis de la modification profonde que va subir le patrimoine de leur débiteur. L'intérêt des créanciers justifie suffisamment une publicité qui est du reste bien souvent de l'essence des affaires commerciales, principalement au point de vue de la clientèle.

Enfin, autre objection : ne peut-on pas craindre que cette publicité qui serait toute locale, mit les créanciers demeurant sur les lieux dans une situation meilleure que les créanciers éloignés? C'est vrai, aussi allons-nous voir dans un instant que nous voudrions voir apporter quelques modifications au texte du projet de loi.

Seulement, la situation des créanciers locaux n'est pas aussi privilégiée qu'on veut bien le dire. En effet, nous l'avons vu, les créanciers éloignés auraient toujours à

leur disposition l'action paulienne (art. 1167 C. civ.)
pour faire annuler la vente conclue en fraude de leurs
droits. Il est bien vrai qu'il ne sera pas facile de faire la
preuve de la fraude et de la complicité de l'acquéreur,
surtout en présence de la publication faite conformément à la loi ; ces créanciers pourront faire prononcer
la faillite du vendeur et ensuite obtenir la nullité de la
vente, si elle a eu lieu depuis la cessation des paiements
(art. 447, com.), ou, tout au moins, une répartition proportionnelle du prix entre tous les créanciers faite par
le syndic.

L'inconvénient signalé disparaîtrait tout à fait, si, au
lieu de se borner à une publicité locale, la loi prescri-
vait la publication dans un journal général d'annonces.

Nous ferons encore au projet de loi un autre reproche :
c'est de ne pas indiquer la forme dans laquelle devront
être faites les oppositions. Il entend, c'est certain, s'en
référer aux usages, mais il faudrait le dire, et nous
croyons qu'il vaudrait mieux substituer à des usages,
qui peuvent être variables, une façon de procéder uniforme et dire, par exemple, que les oppositions pourront
être faites par *simple correspondance*, sans exclure bien,
entendu, la forme de la saisie-arrêt ordinaire.

Sous ces réserves peu importantes, nous reconnais-
sons l'utilité de la réforme proposée en 1885 par
MM. Mazeau et Dietz-Monin, et nous exprimons le
vœu qu'elle soit reprise le plus tôt possible par les pouvoirs publics.

Ceux-ci ont déjà fait un grand pas dans la voie des réformes dont nous nous occupons, en organisant une publicité particulière pour le nantissement des fonds de commerce. Mais nous estimons que ce n'est pas suffisant. Du reste, le rapporteur de la loi du 1ᵉʳ mars 1898 au Sénat, a laissé pressentir qu'une réforme générale s'imposait. Voici en quels termes il s'est exprimé :

« Aucune objection ne s'est élevée, dans la commission, contre le principe même de la réforme votée par la Chambre des députés. De la discussion se sont également dégagées, tout d'abord cette idée, qu'il conviendrait de généraliser la réforme en l'étendant, par identité de motif, à la cession même des fonds de commerce, et, en second lieu, quelques observations relatives à des perfectionnements dans la rédaction du texte. »

« La publicité des cessions de fonds de commerce, aussi bien que celle des actes de nantissement, eût été assurément désirable ; il eût été bon que de telles cessions ne fussent opposables aux tiers qu'après avoir été portées à leur connaissance, et la commission exprime le vœu que l'étude d'un projet de loi déposé en ce sens par M. Dufaure, garde des Sceaux, soit reprise le plus tôt possible ».

Le projet n'a pas paru assez mûri pour pouvoir être abordé de suite par le législateur, et voici les motifs pour lesquels la réforme fut limitée au seul nantissement des fonds de commerce :

« La question peut, en effet, présenter de multiples

aspects qu'il y aura lieu d'examinner d'une façon approfondie, et nous aurions craint de retarder par là le vote d'une réforme vivement désirée par le commerce des grandes villes. »

« Peut-être, d'ailleurs, y a-t-il moins d'urgence à régler la cession que le nantissement; en cas de cession, presque toujours la prise de possession, fait nécessairement public, suit de très près l'acte même de cession, et très bref, par conséquent, est le délai où les tiers peuvent être induits en erreur sur le réel titulaire du fonds; les actions en nullité ouvertes par le droit commun pour cause de fraude offrent presque toujours un remède suffisant aux personnes lésées ».

« Le nantissement, au contraire, implique un état de choses qui doit se perpétuer assez longtemps, et comme la remise effective du gage aux mains du créancier est ici incompatible avec la nature même de l'objet engagé, c'est une longue période de temps pendant laquelle le caractère occulte du nantissement pourrait être une cause de préjudice pour les tiers ».

« C'était une raison de plus pour limiter la réforme, ainsi que l'a fait la Chambre des députés, à la question du nantissement ».

(Rapport fait au nom de la Commission chargée d'examiner la proposition de loi adoptée par la Chambre des députés, tendant à modifier l'article 2075 du Code civil par M. Léopold Thézard, Sénateur. *Journal officiel* du 20 février 1898. Sénat, Annexe n° 94. S. E. Séance du 23 décembre 1897.)

Nous arrivons ainsi au nantissement constitué sur les fonds de commerce, qui va faire l'objet du chapitre suivant.

CHAPITRE III

Du nantissement des fonds de commerce.

I. — Nécessité de la publicité des contrats de gage.

L'intérêt du crédit public demande que chaque citoyen puisse effectuer spécialement et en particulier à la garantie des obligations qu'il contracte, chacun des éléments de son patrimoine. Il faut qu'un débiteur puisse détacher, en quelque sorte, du gage général qui appartient à tous ses créanciers sur la totalité de son patrimoine, un élément quelconque, afin de l'affecter plus particulièrement à la sûreté d'une créance déterminée.

Mais les principes du droit commun en la matière, posés dans l'article 2093 du Code civil, qui dispose que le patrimoine tout entier du débiteur est le gage général de ses créanciers, imposent dans l'intérêt de ces derniers plus encore que dans l'intérêt du créancier nanti, l'obligation de publier l'affectation spéciale à la garantie d'un seul, d'une partie de ce patrimoine. La publicité de cette affectation spéciale, en effet, tout en consolidant le droit du créancier appelé à en bénéficier, avertira les tiers et notamment les personnes appelées

à traiter postérieurement avec le débiteur, que tel élément du patrimoine de ce dernier en a été distrait et
qu'ils ne doivent plus compter, pour la sûreté de leurs
créances, sur un bien spécialement affecté à la garantie
d'un seul ; ou que, du moins, ils ne pourront exercer
leur droit général de gage sur ce bien, qu'après le désin-
téressement intégral du créancier-gagiste.

Cette publicité est donc indispensable dans l'intérêt
général du crédit public, au même titre que le droit de
gage lui-même, pour empêcher celui-ci de jeter la
défiance dans toutes les transactions commerciales. La
nécessité de cette publicité n'a point échappé aux rédacteurs du Code Civil, qui l'ont proclamée tant en matière
mobilière (art. 2074 à 2076) qu'en matière immobilière
(art. 939 à 941, 2106 et suiv., 2114 et suiv.), sans cependant l'imposer d'une façon générale.

Tout d'abord, en matière mobilière, ainsi qu'il résulte
des dispositions des articles précités, il était impossible,
en raison de la diversité de la nature des biens susceptibles de gage, de statuer par voie de disposition générale. Aussi certains biens mobiliers qui, d'ailleurs,
n'ont acquis leur complet développement et leur grande
importance que depuis la promulgation du Code et surtout dans la seconde moitié de ce siècle, n'ont-ils pu
rentrer dans les diverses hypothèses prévues par le Code
et se prêter aux formalités de publicité qu'il édicte. Tels
sont notamment les *brevets d'invention*, les *droits d'auteur* et les *fonds de commerce*. Nous laisserons de côté les

brevets d'invention et les droits d'auteur, qui sortent
du cadre que nous nous sommes proposés et nous bor-
nerons notre étude au nantissement des fonds de commerce, dont la loi du 1er mars 1898 a consacré la validité.

Toutefois, avant d'aborder cette étude, il est utile de
passer en revue les hypothèses dans lesquelles la loi a
édicté la publicité dans l'intérêt des tiers.

II. — Publicités organisées par le Code civil et par les lois spéciales.

Ainsi que nous venons de le dire, le Code a soumis
à la publicité les actes ayant pour objet de soustraire
certains biens du débiteur au gage général résultant de
l'article 2093.

C'est d'abord, pour les immeubles, l'hypothèque, qui
pour être opposable aux simples créanciers chirographaires ou aux créanciers postérieurs, doit être inscrite
sur les registres du conservateur des hypothèques.

Pour les meubles corporels, c'est la constitution du
gage qui ne produit effet vis-à-vis des tiers que par la
mise en possession effective du créancier. Cette mise en
possession du créancier est la plus manifeste publicité,
puisque la chose engagée ne se trouve plus dans le
patrimoine du débiteur. Il est pourtant des cas ou un
gage tacite est reconnu par la loi sans déplacement de
chose (privilège du bailleur, du vendeur, etc.), mais

alors, le mode d'exécution du contrat rend ce déplacement inutile, puisque le créancier est censé être en
possession du gage.

S'il s'agit de droits de créances proprement dits, le
nantissement ne produit effet à l'égard des tiers, que
par la remise du titre d'obligation entre les mains du
créancier gagiste, et par la signification du nantissement au débiteur cédé. Nous allons voir dans un instant, combien ces formalités sont peu efficaces dans un
assez grand nombre d'hypothèses, qui semblent être
restées en dehors des prévisions du Code civil.

Enfin, la loi du 23 mai 1863, qui a établi des règles
nouvelles intercalées dans le Code de commerce (art. 91
à 93) en ce qui touche le gage commercial, a repoussé
les formalités lentes et coûteuses du Code civil pour la
constitution et la réalisation du gage. Elle les a sim-
plifiées pour le gage des valeurs commerciales ; elle
maintient d'abord la mise en possession dans tous les
cas, puis elle exige un endossement régulier pour les
effets de commerce, un transfert sur les registres des
sociétés pour les actions et obligations nominatives des
sociétés commerciales.

Quant aux choses incorporelles autres que les valeurs
commerciales, dont la mise en gage fait l'objet des
articles 91 et 93 du Code de commerce, elles restent sous
l'application des articles 2075 et 2076 du Code civil.
Ces articles, nous l'avons dit, ne semblent applicables
qu'aux seules créances proprement dites ; il est en

effet des droits incorporels pour lesquels ces règles seraient un véritable non-sens, par exemple, les titres au porteur, (on a cependant soutenu qu'il fallait une signification à l'établissement qui a émis les titres), la clientèle d'un fonds de commerce. Dans le second cas, on cherche en vain le débiteur à qui la signification pourrait être faite. La jurisprudence et la doctrine ont encore aggravé, du reste, les exigences de la loi. En effet, l'article 2076 exige dans tous les cas, pour la conservation du privilège résultant du gage, la mise et le maintien en possession du créancier-gagiste ou d'un tiers convenu. Qu'en a-t-on conclu? Que *le titre constatant la créance* devait être remis au créancier-gagiste. On a fait de cette formalité une condition substantielle du gage. Mais c'est se tromper sur le véritable caractère de la possession en matière de droits incorporels. Qu'est-ce que posséder une créance? C'est avoir l'exercice des droits attachés à la qualité de créancier. Le fait d'avoir entre les mains un titre de créance donne-t-il le droit de le faire valoir? Évidemment non, à moins qu'il s'agisse d'un titre au porteur, droit incorporel d'une nature particulière, il faut établir qu'on est bien le créancier, ou qu'on a l'exercice des droits appartenant au créancier en vertu d'un contrat régulier.

Donc, le détenteur du titre n'est pas par cela seul possesseur de la créance. Donc encore, la remise du titre ne peut suffire à mettre le créancier-gagiste en possession de la créance. On aperçoit bien, pour ce der-

nier, l'utilité de la signification au débiteur cédé, du
transfert en garantie sur les registres d'une société,
d'un endossement sur le titre ; car alors tous les tiers
qui traiteront avec le débiteur sauront que la créance est
déjà engagée. Mais la remise du titre, à quoi peut-elle
bien servir ? Faudra-t-il dire alors qu'une créance qui
n'est pas constatée par un écrit, représentée par un titre,
ne pourra être donnée en gage ? Remarquons, en outre,
que le titre constatant la créance peut n'être qu'une
simple expédition, d'après la jurisprudence ; si bien que
le débiteur peut s'en faire délivrer autant d'expéditions
qu'il le voudra. La remise du titre ne peut donc opérer
dessaisissement du débiteur au profit du créancier. Ces
préliminaires vont nous guider dans l'étude du nantissement des fonds de commerce.

**III. — Jurisprudence antérieure à la loi du 1er Mars 1898.
— Insuffisance des règles édictées par le Code civil.**

La loi du 1er mars 1898 a introduit, dans cette matière,
une réforme capitale. Pour en bien comprendre la
portée, il nous faut examiner l'état de choses antérieure,
auquel elle a eu pour but de remédier.

Avant cette loi, un fonds de commerce pouvait-il
être donné en gage ? Une très vive controverse régnait
à ce sujet dans la jurisprudence, par suite du caractère
mal défini du fonds de commerce et de l'impossibilité
d'adapter à sa constitution en nantissement les règles

du Code civil, ni celles du Code de commerce. La
controverse était arrivée à l'état aigu entre les Cours
d'appel et les Tribunaux de commerce.

Sans revenir sur ce que nous avons dit de la nature
juridique du fonds de commerce, nous répétons que sa
détermination offre un intérêt particulier pour l'étude
que nous abordons, qu'elle en est, en quelque sorte
l'introduction obligée, la base nécessaire.

Ainsi que nous l'avons dit, il faut qu'un commerçant
puisse donner en gage son fonds de commerce ; c'est
une conséquence du principe que nous avons admis, et
d'après lequel un débiteur doit pouvoir affecter spécialement à la sûreté de sa dette tous les éléments de son
patrimoine.

Mais à quelles conditions cette impignoration sera-
t-elle possible ? Comment pourra-t-elle produire effet à
l'encontre des tiers ? Le Code civil a exigé pour toute
constitution de gage une publicité, et cette publicité
consiste dans la mise en possession du créancier
gagiste, laquelle mise en possession s'exécute diffé-
remment suivant que le gage porte sur des choses corporelles ou sur des choses incorporelles. Or, nous
l'avons vu, un fonds de commerce est un meuble d'une
nature complexe, il est pour partie corporel et pour
partie incorporel. Logiquement, il aurait donc fallu
appliquer à ses différents éléments, les règles spéciales
à la constitution en gage de chacun d'eux : tradition
réelle et mise en possession effective du matériel et

des marchandises, remise du contrat de bail avec signi-
cation au propriétaire.

Quant à l'achalandage, on n'aperçoit aucun moyen
d'en réaliser la remise au créancier. Cette solution
rigoureuse aboutissait à une impossibilité pratique.

Pour ceux qui considèrent le fonds de commerce
comme un meuble uniquement incorporel, la difficulté
n'était pas moindre. Nous allons voir dans un instant,
comment on avait résolu la question pour la signification à faire au débiteur en vertu de l'art. 2075. C. civ.

La Cour de cassation, dans son arrêt du 13 mai 1888,
(D. 88. 1. 351), avait d abord posé en principe que le
fonds de commerce constituait une individualité juridique, opinion que nous avons repoussée avec la majorité des auteurs.

Elle avait ensuite reconnu que, dans l'espèce qui lui
était soumise (il s'agissait d'un hôtel meublé), le fonds
de commerce était un meuble incorporel. Dans ces conditions, comment devait s'opérer la constitution du
nantissement ? Voici la réponse de cet arrêt souvent
cité : « Attendu que lorsque la chose donnée en gage est
incorporelle, pour opérer la constitution du nantissement et la création du privilège, il faut, mais il suffit :
1° que le créancier gagiste ait signifié l'acte de nantissement au débiteur de la chose engagée ; — 2° que celui
qui constitue le gage ait remis au créancier gagiste le
titre établissant son droit sur la chose engagée ;

« Que dans ce cas, en effet, la tradition matérielle

étant impossible, la mise et le maintien en possession du gage, exigés par l'article 2076, résultent de la remise et de la détention du titre aux mains du créancier ;

« Attendu que, lorsque ce titre est un acte authentique, ce serait ajouter à la loi que d'exiger la remise de la grosse : que la remise d'une expédition suffit pour opérer le dessaisissement du débiteur et l'investissement du créancier et satisfait aux prescriptions légales ».

Il s'agissait dans l'espèce de la dation ou nantissement d'un hôtel meublé. Le tribunal de commerce de Grenoble avait été d'abord saisi de l'affaire et avait décidé le 7 août 1885, qu'un fonds de commerce ne pouvait être assimilé à un meuble incorporel. Pour que le nantissement fut valable, il fallait d'après ce jugement, que le créancier fut mis réellement et effectivement en possession du fonds. La Cour d'appel de Grenoble avait infirmé ce jugement par un arrêt rendu le 6 avril 1886 et posé en principe, qu'un fonds de commerce est une universalité juridique (Voy. suprà) et que cette universalité constitue un droit incorporel susceptible d'être donné en gage.

La Cour de Grenoble et, après elle, la Cour de cassation ont donc cherché par quel moyen pouvait se réaliser l'impignoration des fonds de commerce. Parties de cette idée qu'il s'agissait d'un meuble incorporel, elles ont demandé au Code civil les règles applicables au nantissement de cette catégorie de biens. Envisageant le fonds de commerce dans un seul de ses élé-

ments, regardé comme principal, le droit au bail, elles
ont déclaré que l'impignoration du fonds était possible
et suffisamment réalisée par la remise entre les mains
du créancier gagiste d'une simple expédition authentique du contrat de bail, sans même exiger la remise
de la grosse ou de l'original, et par la notification du
gage au propriétaire-bailleur, seul débiteur de l'obligation correspondant au droit engagé. Le nantissement
régulièrement constitué sur les éléments incorporels
du fonds de commerce s'est ainsi virtuellement étendu
sur ses éléments corporels, ceux-ci se confondant avec
ceux-là et ne formant ensemble qu'un même tout.
(Paris, 21 juillet 1892). Cette solution ne correspondait
à aucune réalité pratique. Sans doute, on était en règle
avec l'art. 2075, C. civ. qui exige pour l'établissement
d'un privilège sur les meubles incorporels, un acte
écrit, enregistré et signifié au débiteur de la créance
donnée en gage. Mais pratiquement qu'elle pouvait
bien être l'utilité de ces formalités ?

La publicité a pour but d'avertir les tiers intéressés
à connaître la modification que fait subir l'acte au
patrimoine de leur débiteur. Ils ont donc besoin d'en
être avertis, ou du moins d'être mis à même d'en
prendre connaissance. Or ici, on n'avertit qu'un seul
d'entre eux, encore c'est précisément celui qui est le
plus désintéressé dans l'affaire, puisque l'acte à lui
signifié ne peut préjudicier en rien à ses droits. En
effet, le propriétaire est garanti par son privilège

(art. 2102 — 1° C. civ.) qu il peut exercer tant contre le locataire primitif que contre le cessionnaire du bail; dès lors, en quoi cette cession peut-elle bien l'intéresser puisqu'elle ne porte aucune atteinte à ses droits ?

Nous disons ensuite que la remise d'une expédition authentique du contrat de bail est absolument illusoire. En effet, le locataire peut se procurer autant d'expéditions qu'il le veut; s'il s'est dessaisi d'une de ces expéditions au profit du créancier gagiste, il pourra toujours en représenter une autre aux tiers qui auront à traiter avec lui. Or, il ne s'agit pas de prouver au créancier gagiste l'existence du droit au bail, seul effet de cette formalité, mais d'avertir les tiers que ce droit n'est plus à la disposition de leur débiteur. Si la loi avait exigé la remise de la grosse ou de l'original, ceux-ci auraient eu encore à la rigueur un moyen de s'assurer que le commerçant n'avait pas engagé son droit au bail, en exigeant de ce dernier la production de cette grosse ou de cet original, car l'impossibilité où il serait de satisfaire à leur demande pourrait faire soupçonner que son droit a été engagé.

La jurisprudence s'est attachée à cette idée, dont nous avons démontré le caractère erroné, à savoir que la possession d'un droit se confond avec la détention du titre qui le constate, et que la délivrance de ce titre équivaut à la mise en possession du droit. Conséquemment, le commerçant, qui veut engager son fonds, satisfait à la condition de dépossession, en se dessaisissant de tous les titres qu'il peut avoir, justifiant de ses droits sur le fonds, c'est-à-dire : l'acte d'acquisition ou le titre de propriété du fonds et le bail du magasin ! Il peut continuer lui-même l'exploitation, il n'est plus possesseur aux yeux de la jurisprudence.

Toute cette argumentation était basée sur la notion juridique du fonds de commerce telle que la conçoit la jurisprudence. Au lieu d'y voir, comme nous, un simple agrégat de choses hétérogènes, non susceptibles d'être groupées dans une seule et même nature, la jurisprudence, imaginant la fiction de l'homogénéité du fonds, en avait fait une universalité juridique. « Dangereuse fiction ! disaient MM. Magnier et Pruvost (*op. cit.* p. 26). Ce qui est matériel devient accessoire, et ce qui est invisible devient le principal. Combien de fraudes va favoriser cette théorie ! Qui ne voit le danger immédiat que va courir la confiance des tiers, se trouvant en présence d'un commerçant demeuré en apparence *in bonis,* possesseur de fait de tous les objets mobiliers qui constituent aux yeux d'autrui sa fortune, et qui n'ont aucun moyen d'apprendre que ni le fonds, ni même ces objets visibles qui en dépendent, ne sauraient plus répondre du crédit qu'ils vont faire ? »

Le droit au bail ! Mais ce n'est là qu'un élément du fonds de commerce, et parfois le moins important. Quelquefois même, il fait totalement défaut, par exemple, dans certains commerces ambulants (manèges de foires).

Comment dès lors lui subordonner les autres éléments comme le matériel et les marchandises, que l'on soustrait ainsi au régime juridique sous lequel les a placés le Code? Comme l'a dit, avec raison, le rapporteur du projet de loi au Sénat, M. Thézard : « Qu'aurait pu décider la Cour de cassation elle-même, s'il n'y avait pas eu, dans l'espèce, un droit au bail, un élément susceptible, à la rigueur, de subir i'application des articles 2075 et 2076, et auquel on pût, en quelque sorte, accrocher, pour lui donner une substance, le fonds de commerce lui-même? Qu'aurait-elle pu décider si elle se fût trouvée en présence d'un fonds de commerce sans droit au bail, élément accidentel et non nécessaire, si, par exemple, le commerçant eût exploité un fonds dans son propre immeuble ? Qu'aurait-elle même décidé si, au lieu de se trouver dans une espèce où s'agissant d'un hôtel meublé, le droit au bail d'un immeuble déterminé constituant l'élément principal, elle eût eu à examiner une hypothèse où le nom, la clientèle, le matériel, auraient été de beaucoup les plus importants, où le déplacement aurait été possible sans déprécier l'établissement de commerce ? »

Il est vrai que, comme nous l'avons vu au début de ce travail. les tribunaux n'ont pas tous reconnu aux fonds de commerce une nature incorporelle invariable (Grenoble, 16 avril 1886, sous cassation, 13 mars 1888, déjà cité, Paris, 26 février 1895. S. 97.2.89.) D'abord, certains arrêts ont exigé que le créancier-gagiste fut mis en pos-

session effective du fonds (Paris, 26 juillet, 1851. D.
52.2.218 ; Lyon, 1er décembre 1857. D. 59.2.167). L'arrêt de la Cour de cassation lui-même, que nous avons
cité, reconnaît implicitement que la détermination de la
nature corporelle ou incorporelle du fonds de commerce,
est une question de fait, susceptible de solutions
variables, suivant que l'élément dominant du fonds est
corporel ou incorporel. Le fonds lui-même est un
ensemble indivisible, dont la partie principale commu-
nique sa nature aux parties accessoires. La même
solution se retrouve, avec de légères différences, dans
plusieurs décisions postérieures de tribunaux, désireux
de suivre la jurisprudence de la Cour de cassation (Lyon
14 mars 1895 ; Paris, 4 janvier 1896, trib. civ. de la
Seine, 15 janvier 1895. S. 97.2.90 ; Paris, 7 août 1897.
D. 98.2.437.)

Dès lors, et suivant la doctrine de la Cour suprême,
dès qu'il résultait de l'estimation des divers éléments
du fonds, que les éléments corporels étaient les plus
importants, le fonds devait être tenu pour meuble corporel, et sa dation en nantissement, faire l'objet d'une
tradition réelle et d'une mise en possession effective du
créancier-gagiste.

Cela ne revient-il pas à dire qu'en fait, le nantissement des fonds de commerce était la plupart du temps
impossible, car le dessaisissement du débiteur aurait
rendu l'exploitation du fonds par autrui, souvent rui-
neuse pour le débiteur.

D'autre part, le nantissement des fonds de commerce considérés comme incorporels avait un inconvénient très grand. Malgré l'observation des prescriptions des art. 2075 et 2076, ce nantissement était en réalité occulte, rien n'avertissant le public de l'affectation spéciale déjà donnée à l'ensemble du fonds.

On se trouvait donc dans l'alternative, ou de reconnaître la validité d'un privilège occulte, ou de prohiber la constitution de ce privilège et le nantissement qui en était la source.

C'est à ce dernier parti que s'était arrêtée la jurisprudence des Tribunaux de commerce. Ceux-ci effrayés des conséquences qu'entraînait avec elle la doctrine de la Cour de cassation, n'avaient pas tardé à réagir contre elle et avaient persisté dans leur résistance opiniàtre jusqu'à la loi du 1ᵉʳ mars 1898. Après s'être ralliés tout d'abord à la doctrine qui fait du fonds de commerce une universalité juridique d'une seule et même nature incorporelle (Trib. comm. Seine, 5 juin 1891. — Magnier et Pruvost, *op. cit.* p. 27 et s. note), ils s'étaient bientôt aperçu des dangers qu'elle présente, en raison du dommage qui pouvait en résulter pour les tiers. A partir de 1892, leur jurisprudence change de front « Les tribunaux consulaires, composés de commerçants plus émus du danger, qu'esclaves d'une jurisprudence qui peut les conduire à la ruine, entrent en révolte contre le principe de l'universalité incorporelle, considérée comme caractère général du fonds de commerce. » Un jugement du Tribunal de commerce de la Seine, du 9 janvier 1892, formule la nouvelle théorie « Attendu, en droit, que le contrat de gage est un contrat essentiellement réel, qu'il est de l'essence de ce contrat, que la tradition de l'objet donné en gage soit réellement effectuée et que le débiteur soit dessaisi... qu'on ne saurait admettre qu'un commerçant peut valablement donner en nantissement le fonds de commerce où il exploite son industrie, et en continuer lui-même l'exploitation....... »

« Attendu, en outre, que le fonds de commerce d'un commerçant constitue le gage commun et apparent de ses créanciers ; qu'il engendre la foi des tiers et qu'il ne peut dépendre d'un acte resté sans publicité et par conséquent ignoré des intéressés, de distraire ce fonds de l'actif de la masse des créanciers... »

(Voir jugement du Tribunal de commerce de la Seine du 24 août 1893, qui reproduit la même doctrine dans les mêmes termes).

Depuis cette époque, le Tribunal de commerce s'était constamment refusé à admettre la validité du nantissement des fonds de commerce sans dessaisissement effectif des éléments corporels du fonds et sans leur tradition réelle entre les mains du créancier-gagiste (Trib. com. de la Seine, 13 décembre 1894, la Loi 29 décembre 1894; 26 février 1895, S. 97. 2. 92).

Le Tribunal de commerce de Saint-Étienne, dans un jugement rapporté par MM. Magnier et Pruvost (*op. cit.*

p. 44 et s) a développé les motifs sur lesquels se basait la doctrine des Tribunaux de commerce :

« Attendu que le contrat de gage des meubles incorporels est régi, en matière de commerce, non seulement par les dispositions des art. 2075 et 2076 C. civ., mais encore par celles des art. 91 et 92 C. Com., qu'il est spécialement de l'essence de ce contrat que le privilège en résultant ne peut être obtenu et conservé qu'autant que l'objet donné en gage a pu être mis et *de fait* a été mis et est resté en la possession du créancier ou d'un tiers convenu entre les parties ; qu'il est aisé de comprendre, en effet, que si l'objet constitué à titre de gage au profit d'un créancier reste entre les mains de son débiteur, ce dernier qui ne s'est pas dessaisi, et qui, aux yeux des tiers, peut et doit être considéré comme restant toujours propriétaire de sa chose, sans qu'aucun signe extérieur vienne révéler à ceux qui sont appelés à traiter avec lui que cette chose est grevée d'un privilège dont rien n'accuse l'existence, pourra abuser du crédit que lui donne la possession d'un meuble incorporel, dont en réalité il n'a conservé que la propriété nominale, que c'est pour ce motif que la loi civile et la loi commerciale ont prescrit impérativement, pour la conservation du privilège résultant d'un contrat de gage (que le gage s'applique à des meubles corporels où à des meubles incorporels), la tradition matérielle, aux mains du créancier gagiste, de l'objet cédé à titre de gage.

« Attendu que les principes ci-dessus doivent s'appliquer à un fonds de commerce, que la fiction juridique qui
assimule un fonds de commerce à un droit incorporel, ne
peut empêcher que ce fonds ne soit inséparable des éléments matériels qui font connaître son existence aux
tiers ; qu'un fonds de commerce constitue, au premier
chef, un actif apparent sur l'importance duquel les tiers
règlent généralement leur crédit ; que c'est donc aller
contre les principes fondamentaux de la loi du gage que
de considérer comme valable la dation en gage d'un fonds
de commerce dont le débiteur conserve la possession et
continue l'exploitation, sans qu'aucun signe extérieur
avertisse les tiers que cet élément d'actif ne fait plus
partie du patrimoine de celui qui est appelé à devenir
leur débiteur..... »

Il faut, poursuit le tribunal, que le dessaisissement
du débiteur soit *ostensible*, et que, par sa dépossession
la chose donnée en gage sorte de ses mains ; et alors de
deux choses l'une : « ou la tradition matérielle de l'objet
remis en gage est impossible, parce que cet objet ne se
prête pas à une appréhension physique, et alors l'objet
dont il s'agit ne peut entrer dans la combinaison d'un
contrat de gage ; ou cette tradition matérielle est possible, et alors la chose proposée en nantissement peut
faire l'objet d'un contrat de gage ; mais dans ce cas,
elle doit, pendant toute la durée du contrat être possédée
par le créancier gagiste ; que si spécialement une créance
peut faire, quoique meuble incorporel, l'objet d'un

contrat de gage, c'est précisément parce que cette créance est représentée par le titre qui la constitue, que ce titre peut être remis aux mains du créancier à qui il est donné en gage, et qu'une fois dépossédé du titre, le débiteur gagé ne peut plus l'utiliser pour s'en faire un élément de crédit. »

On a vu ce que nous pensions de cette idée d'assimiler la possession de la créance à la détention du titre. Toutefois, le Tribunal de commerce admettait, en principe, que la tradition symbolique, résultant de la remise du titre, était insuffisante pour établir un privilège au profit du créancier-gagiste.

La conclusion à tirer de cette argumentation, c'est que le nantissement constitué sur un fonds de commerce ne pouvait produire aucun effet à l'égard des tiers, qu'à la condition qu'il y eut dépossession effective du commerçant et remise du fonds entre les mains du créancier-gagiste.

Il est aisé d'apercevoir les inconvénients pratiques d'un pareil système. D'abord, les affaires commerciales peuvent péricliter, si elles sont administrées par une personne peut-être moins habile et moins expérimentée que le propriétaire, qui est depuis longtemps à la tête de l'établissement.

Cette exploitation par autrui n'est-elle pas de nature à nuire aux intérêts du commerçant? En second lieu, sur qui pèsera la responsabilité des fautes commises par l'exploitant? Il semble que logiquement, c'est le commerçant dessaisi qui devra être responsable ; il est toujours propriétaire du fonds ; le créancier qui l'exploite n'est, pour ainsi dire, que son mandataire, et les actes qu'il fait sont accomplis pour le compte du débiteur. Cette conséquence est très certainement fâcheuse pour ce dernier, mais peut-on dire qu'elle soit injuste en droit ? Le gage n'a-t-il pas été contracté librement et volontairement, et le débiteur n'a-t-il pas adhéré d'avance à toutes ses conséquences ? On se trouvait donc enfermé dans une impasse.

Soumettre le nantissement des fonds de commerce aux règles des articles 2075 et 2076 du Code civil, comme le faisait la jurisprudence des Cours d'appel et de la Cour de cassation, c'était lui donner une publicité illusoire, impuissante à mettre la bonne foi des tiers à l'abri des surprises ; exiger, comme le faisaient les tribunaux de commerce le dessaisissement effectif du commerçant au profit du créancier nanti, c'était rendre, en fait, le nantissement impossible.

Aussi le Tribunal de commerce de la Seine avait-il poussé la logique jusqu'à ses plus extrêmes limites, et le 18 janvier 1896, il avait rendu un jugement par lequel le nantissement d'un fonds de commerce était déclaré nul (S. 97. 2. 92) en se fondant sur ce que le dessaisissement du débiteur, obligé d'abandonner l'exploitation aux mains du créancier ou d'un tiers convenu, constituait une condition impossible devant annuler le contrat, en vertu de l'article 1172 du Code civil. Nous considérons cette solution comme peu juridique, le tribunal de commerce avait sans doute voulu, en prenant un parti énergique, mettre fin à une situation préjudiciable au crédit, mais il l'avait fait au détriment des principes, En effet, une condition impossible est celle d'un fait qui ne peut pas se réaliser, parce qu'un obstacle matériel s'oppose à son accomplissement. Ce n'est pas ici le cas. Sans doute, la mise en possession du créancier porte si gravement atteinte aux intérêts du commerçant, que celui-ci préférera toujours ne pas engager son fonds, que de s'en dessaisir ; mais, de ce que les inconvénients signalés empêcheraient en pratique l'impignoration des fonds de commerce, il ne s'ensuit pas que le dessaisissement du débiteur soit impossible en soi et matériellement.

L'exagération dans laquelle est tombée le Tribunal de commerce de la Seine ne doit point lui être imputée à faute. Il faut en faire peser la responsabilité sur la jurisprudence des cours d'appel qui avait ouvert la porte à toutes les fraudes, en admettant la fiction de l'universalité juridique du fonds de commerce. « Nous sommes aussi d'avis, disait M. Wahl, que mieux vaudrait invalider les nantissements des fonds de commerce que de se contenter, pour leur validité, des formalités dont la jurisprudence se déclare satisfaite ».

En nous reportant à ce que nous avons dit sur le véritable caractère du fonds de commerce, nous sommes conduits forcément à la solution suivante qui était celle de nombreux auteurs avant la loi du 1er mars 1898 : le fonds de commerce étant une universalité complexe, il est contraire à la réalité des choses de vouloir lui attribuer une seule nature, et l'on ne peut appliquer à cet ensemble hétérogène des dispositions que le législateur n'a édictées que pour des droits simples, certains et parfaitement déterminés. Les éléments que comprend un fonds de commerce sont trop disparates pour qu'un seul et même régime leur soit applicable, ils restent soumis, malgré leur agglomération de fait en vue d'une exploitation d'ensemble, au régime distinct établi par le législateur pour chacun d'eux. « Ainsi, disent MM. Magnier et Pruvost (op. cit., p. 66), le privilège ne pourra plus se constituer utilement sur un grand nombre de ces universalités que si le créancier nanti, en se faisant remettre l'expédition du bail et en faisant faire au propriétaire la signification que l'on sait, ajoute à ces formalités une précaution de plus ; la mainmise sur le matériel, soit personnelle, soit par l'intermédiaire d'un gardien dont la présence avertira les tiers du dessaisement du débiteur. Certes, cela rendra les nantissements difficiles ! mais, ne sera-ce pas une compensation suffisante à cet inconvénient, que l'on soit assuré de n'en plus valider que d'honnêtes, et le législateur n'est-il point là au besoin pour intervenir et organiser un système de publicité qui puissse rendre le nantissement pratique tout en assurant les tiers contre ses dangers ? ».

IV. — Loi du 1er mars 1898

Cependant le législateur, frappé des lacunes de la loi sur ce point, s'était préoccupé de les faire disparaître. Dès le 19 juin 1893, M. Buvignier avait fait prendre en considération par la Chambre des Députés, une proposition de loi, concernant la dation en nantissement des fonds de commerce. Cette proposition fut reprise sous la législature suivante par M. Millerand qui la présenta à la Chambre le 18 mai 1895, à la suite de l'exposé ci-après :

« L'article 2075 du Code civil, contenu au titre dix-septième (*Du Nantissement*), chapitre premier (*Du Gage*), est ainsi conçu :

« Le privilège énoncé en l'article précédent ne s'établit sur les meubles incorporels, tels que les créances mobilières, que par acte public ou sous-seing privé, aussi enregistré, et signifié au débiteur de la créance donnée en gage.

« Une jurisprudence constante, qui se justifie, au point de vue économique, aussi bien que juridique, par les raisons les plus fortes, range les fonds de commerce au nombre des meubles incorporels.

« En conséquence, pour que le propriétaire d'un fonds en opère le nantissement, il ne lui est point néces-

saire de s'en déposséder. Le contrat de gage demeure
donc caché aux tiers. L'enregistrement de l'acte sous-
seing privé tout comme l'authenticité de l'acte public,
imprime au contrat date certaine ; il n'en assure point
la publicité. »

« Le simple bon sens suffit à apercevoir les inconvénients graves pour les tiers du secret qui enveloppe
cette dation en gage. »

« L'expérience les a, du reste, mis en plein relief. Pour
faire disparaître des relations commerciales, cette
cause de méfiance et d'insécurité, il n'est besoin d'apporter au texte de l'article 2075 aucune modification.
Une simple addition est nécessaire et suffisante. Il
n'est utile que de prescrire la publication de toute
dation en nantissement de fonds de commerce. »

« Cette innovation ne fait aucune brèche dans le
système que le législateur de 1804 a appliqué au contrat du gage. Nous inspirant des besoins du commerce,
nous vous proposons seulement d'adapter à une
situation particulière, une publicité spéciale. »

« Peut-être pourra-t-on transporter avec avantage
cette disposition nouvelle dans l'organisation du crédit
agricole, si l'on veut permettre au travailleur des champs
de transformer son instrument de labeur en instrument
de crédit, et d'engager. sans déplacement, sa charrue,
ses bestiaux, ses récoltes pendantes. »

« Nous ne vous demandons, par la proposition dont
le texte suit, que de mettre un terme aux abus dont la

mise en gage des fonds de commerce a fourni de trop fréquents exemples. »

Voici le texte de la loi proposée.

Proposition de loi.

ARTICLE UNIQUE

« *L'article 2075 du Code civil est ainsi complété :*
« *En outre, chaque dation en nantissement d'un fonds de commerce devra, à peine de nullité, recevoir mention sur le registre public tenu à cet effet au greffe du Tribunal de commerce du domicile du cédé* ».

L'urgence fut déclarée par la Chambre, dans sa séance du 15 novembre 1897 et l'article fut adopté (*Jonrn. of.* du 15 novembre 1897. Déb. parl. Chambre des députés p. 2301.

La proposttion fut envoyée au Sénat qui la renvoya à l'étude d'une commission, dans sa séance du 16 novembre suivant (*J. off.* du 17 novembre 1897. Déb. parl. Sénat p. 1314. Le rapport fut déposé sur le bureau du Sénat par M. Thézard, le 23 novembre (*J. off.* 24 décembre 1897. — Déb. parl. Sénat p. 1475), et le projet fut adopté le 8 février 1898, avec quelques modifications qui furent d'ailleurs acceptées par la Chambre le 26 février suivant (*J. off* des 9 et 26 février 1898. — Déb. parl. Sénat p. 118. — Chambre p. 348).

Le texte du nouvel article fut ainsi définitivement arrêté : et devint la loi du 1er mars 1898.

« *L'article 2075 du Code civil est ainsi complété :*

Tout nantissement d'un fonds de commerce devra, à peine de nullité vis-à-vis des tiers, être inscrit sur un registre public tenu au greffe du Tribunal de commerce, dans le ressort duquel le fonds est exploité ».

La réforme introduite par la loi du 1er mars 1898 est capitale.

Elle met fin à une controverse qui menaçait de s'éterniser au plus grand détriment des intérêts commerciaux, et, comme on l'a dit, « elle crée en réalité, de toutes pièces, un droit nouveau et approprié aux exigences de notre progrès commercial. » (Schaffhauser. Les lois nouvelles, 1898, p. 165 et s.).

Il est utile d'en bien préciser le sens et la portée. La tâche est singulièrement avancée après ce que nous avons dit, et il ne nous restera plus qu'à souligner certains détails de rédaction qui ont fait l'objet des modifications du Sénat.

A. La publicité n'est exigée par la loi que pour la sauvegarde des tiers ; en conséquence, le contrat produit son effet entre les parties indépendamment de l'accomplissement de la formalité exigée par la loi. C'est l'effet ordinaire de tout contrat : le consentement seul suffit à obliger les parties contractantes dès l'instant de la convention. Cette solution, qui découle naturellement des principes généraux, était certainement celle envisagée par les rédacteurs du projet primitif. La Commission du Sénat jugea néanmoins utile de le spécifier dans le texte :

« Nous avons pensé, disait le rapporteur, que cette nécessité s'imposait, ne fût-ce que pour prévenir des contestations contraires au sens de la loi et à l'équité, mais qui auraient trouvé un appui dans un texte incomplet. »

Nous devons faire remarquer que l'addition faite par le Sénat n'a qu'un intérêt théorique, car au point de vue pratique elle est sans portée. Dire, en effet, « devra être inscrit *à peine de nullité* ou *à peine de nullité à l'égard des tiers* » c'est tout un au point de vue pratique, puisque le nantissement ne peut produire d'effet que s'il est invoqué contre les tiers.

B. En second lieu, il importe de remarquer que la publicité organisée, ou plutôt ordonnée par la loi se suffit à elle-même ; et qu'il n'est plus besoin de mise en possession, c'est-à dire de remise de l'acte de propriété ni du bail du fonds de commerce, ni de signification au propriétaire bailleur. La rédaction primitive laissait subsister ces formalités, et la publicité nouvelle se superposait en quelque sorte à elles, bien que leur caractère illusoire eût été reconnu. En effet, l'article était ainsi conçu : « *En outre*, chaque dation en nantissement... » Donc la condition de la mention sur un registre public s'ajoutait à celles qui étaient déjà exigées par la première partie de l'article 2075. Les mots : « en outre » furent supprimés par la Commission du Sénat, et dès lors la seule inscription du contrat de nantissement sur un registre public constitue une publicité suffisante et indépendante. Les autres formalités de l'article 2075 que la Cour de cassation avait appliquées aux fonds de commerce, sont désormais inapplicables. Le rapporteur ajoutait : « La portée de la disposition nouvelle va plus loin : elle supprime aussi nécessairement, en matière de nantissement de fonds de commerce, l'application de l'article 2076, c'est-à-dire la mise de l'objet en la possession du créancier ou d'un tiers. » (cep. voy. *infrà*). Cette remarque est en effet, extrêmement importante. La loi du 1er mars 1898 a fait un nouveau pas dans l'extension de l'hypothèque mobilière. L'hypothèque sur les meubles avait été proscrite par le Code civil, à cause de l'impossibilité où l'on était d'en assurer la publicité. Cet ostracisme n'avait alors que peu d'inconvénients car la propriété mobilière n'avait encore qu'une importance bien secondaire dans la fortune publique. Les lois du 10 décembre 1874 et du 10 juillet 1885 ont apporté une première dérogation en organisant l'hypothèque maritime sur les navires.

Actuellement nous en avons une seconde, dans la loi du 1er mars 1898 et la loi du 18 juillet 1898 sur les warrants agricoles en offre un troisième exemple. Il est probable que ce n'est encore qu'un commencement, et que les formes multiples que revêt aujourd'hui la fortune mobilière justifieront de nouvelles extensions de l'hypothèque sur les meubles. Les brevets d'invention et les droits d'auteur, qui ont acquis dans ces dernières années, une importance et un développement si considérables ne nous paraissent pas susceptibles

d'être affectés à une garantie particulière autrement que
sous forme d'hypothèque. Nous ne faisons qu'effleurer
ce point qui est un peu en dehors de notre sujet, mais
il était nécessaire de le signaler afin d'indiquer la ten-
dance de la législation.

C. Une question se pose maintenant devant nous : la
nouvelle loi n'a-t-elle pas eu pour effet de donner au
fonds de commerce le caractère d'universalité juridique
qu'on lui contestait auparavant? Le rapporteur de la loi
au Sénat, M. Thézard, l'a affirmé en ces termes :

« Il y a donc là un ensemble indivisible, lequel a
la nature incorporelle, bien que pouvant contenir des
objets corporels : tels l'hérédité pour les jurisconsultes
romains. C'est donc par le caractère de cet ensemble,
considéré comme objet principal, qu'il faut déterminer
la règle à suivre ; les objets particuliers qui y sont compris ne sont que des accessoires et des instruments qui
doivent suivre le même sort ».

« Il est bien évident que les meubles corporels, ou-
tillages ou marchandises ne pourront pas être remis
matériellement au créancier gagiste ; ce serait incompatible avec l'idée de simple nantissement ; la difficulté, quant à ces meubles, se résout précisément par
la conception de l'universalité juridique ; les meubles
corporels y sont légalement entraînés et absorbés ».

« Il en sera de même du droit au bail, qui n'est
pas dès lors un droit distinct, mais un simple élément
de l'ensemble. Si la Cour de Cassation a pu, dans une

espèce donnée, le considérer comme l'élément principal
et essentiel, c'est parce qu'en fait, il semblait, dans
cette espèce, en être ainsi, et d'autre part, parce qu'il
était le seul élément juridiquement tangible, le fonds
de commerce par lui-même ne rentrant dans aucune
des catégories de biens pour lesquels le Code organisait
les formalités du nantissement ».

« En donnant aujourd'hui droit de cité au fonds de
commerce parmi les universalités de droit et en tra-
çant pour sa dation en nantissement des règles appropriées à sa nature, nous supprimons par là même les
exigences inutiles et sans objet auxquelles il avait
fallu se résigner ».

Nous ne croyons pas, quant à nous, que cette trans-
formation du caractère juridique du fonds de commerce soit aussi complète et aussi absolue que le
rapporteur l'a dit ; son affirmation n'a, pour nous, de
valeur que dans le cas spécial réglé par la loi. Nous
soutenons, et nous sommes heureux de nous retrancher ici derrière l'autorité de M. Thaller, qu'une universalité juridique est une entité distincte des éléments
qui en dépendent. Pour que le fonds de commerce eût
ce caractère, il faudrait qu'il constituât un patrimoine
indépendant et séparé de la fortune du commerçant,
patrimoine comprenant des créances et des dettes susceptibles de se transmettre avec lui. Or, nous avons vu
qu'il n'en est pas ainsi. La nouvelle loi, il est vrai,
déclare que l'ensemble du fonds de commerce peut être

donné en nantissement et qu'une disposition uniforme
règle le mode d'exécution du contrat, sans avoir égard
aux éléments divers dont se compose le fonds. Sans
doute, il y a là un droit particulier approprié à la nature
spéciale du fonds, envisagé indépendamment de ses
parties.

Mais, comme nous l'avons déjà dit, un fonds de
commerce a certains caractères des universalités juridiques et la loi de 1898, nous présente un cas où le
fonds de commerce est envisagé comme un tout, existant
indépendamment de ses parties constitutives. Certainement et à ce point de vue spécial, le fonds de commerce
est plutôt une universalité juridique, qu'une universalité de fait, puisqu'il est, en tant que fonds de
commerce, susceptible d'un droit particulier d'hypothèque. Si ses divers éléments étaient seulement juxta-
posés et continuaient à avoir une existence distincte,
ils ne pourraient faire l'objet que d'un gage ordinaire ;
et ce n'est que par le fait de leur agglomération dans
cet ensemble qu'on appelle le fonds de commerce, qu'ils
deviennent susceptibles d'hypothèque, non pas chacun
d'eux en particulier, mais tous ensemble.

Il y a donc bien là un droit spécial au fonds de
commerce considéré comme tel ; et, à ce titre, le fonds
de commerce est une universalité de droit; mais nous
estimons que le rapporteur a été trop loin en lui donnant,
d'une manière absolue et dans tous les cas, ce caractère.
Car il faut encore admettre que cette universalité ne

comprend qu'une portion du patrimoine commercial du commerçant. Les partisans les plus convaincus de la théorie que nous combattons, sont bien obligés d'admettre cette restriction, puisqu'ils ne sont pas d'accord entre eux sur la composition de cette universalité, constituée dans tous les cas d'éléments que l'on peut qualifier d'accidentels.

Nous le répétons, le fonds de commerce est une universalité *sui generis*, ayant certains caractères de l'universalité de droit, et certains caractères de l'universalité de fait. Certainement sa nature juridique tend a revêtir plutôt le premier caractère, et la loi de 1898 est une première étape de cette évolution. Mais celle-ci n'est pas encore terminée, et à l'heure actuelle, on ne peut pas soutenir d'une manière absolue, et en thèse générale, que le fonds de commerce soit une universalité de droit.

V. — Critique de la loi.

La loi de 1898 a, nous l'avons dit, le grand avantage de terminer des controverses qui paraissaient interminables et de donner au contrat de nantissement constitué sur les fonds de commerce, une base légale. « Comblant la lacune du Code, encore agravée par les hésitations et les controverses de la jurisprudence, elle crée pour ainsi dire de toutes pièces un instrument et un droit nouveau..., elle fait du fonds de commerce, en tout temps, un moyen de crédit pour le commerçant, un moyen de salut peut-être aux heures de crises, tout en édictant pour sa constitution à titre de gage, des règles de publicité conservatrices des droits des tiers, règles appropriées à la nature du contrat et aux nécessités des affaires ». (Schaffhauser. Les loi nouvelles, 1898, p. 166).

Cette loi n'est cependant pas à l'abri des critiques. Et d'abord, il est permis de s'étonner qu'elle ait fait l'objet d'un paragraphe additionnel à l'art. 2075 C. civ. Le nouvel article eût été mieux à sa place dans le Code de commerce que dans le Code civil. Il s'agissait, il est vrai, de faire échec, pour un cas donné, aux règles de l'article 2075 ; mais il y a aussi d'autree cas analogues qui font l'objet de dispositions particulières dans le Çode de commerce, par exemple le gage commercial réglementé par les art. 91 et s. du C. de commerce. Une addition à l'art. 2075 ne serait à sa place que si la loi eut pris une mesure générale applicable à tous les droits incorporels.

En second lieu, était-il bien nécessaire de décréter, encore l'ouverture d'un nouveau registre dans les greffes des Tribunaux de commerce ? Le nombre des registres tenus dans ces greffes n'est déjà que trop grand. N'y avait-il pas d'autre moyen d'atteindre le but cherché par la loi ? Et celui qui a été adopté est-il bien pratique ? La loi aurait pu se contenter d'un mode de publicité déjà consacré par l'usage et consistant dans l'insertion dans un journal d'annonces d'un extrait du contrat de nantissement contenant l'indication des noms et

adresses du débiteur et du créancier, et celle de la situation du fonds donné en gage avec ou sans mention de
la somme garantie. Une telle publicité eût attiré d'avantage l'attention du public, et nous ne croyons pas que
le crédit du commerçant en eût souffert plus que du
mode de publicité organisé parla loi.

Enfin, le plus grave reproche qu'on puisse adresser
à la loi, c'est qu'elle est incomplète et qu'elle n'a rien
prévu pour son application ; son laconisme a laissé sans
solution une multitude de questions très importantes.

VI. — Étude d'un projet de loi complémentaire.

Cette lacune n'a pas tardé à frapper les pouvoirs publics, et un projet de loi a été déposé sur le bureau du
Sénat, le 25 février 1899, par M. Lebret, Garde des
Sceaux. Ce projet mérite de nous arrêter quelques ins-
tants. Son objet a été exposé en ces termes par le Garde
des Sceaux lui-même :

« Il convient de régler le mode d'inscription du nantissement, la péremption, la radiation ou la réduction
de l'inscription ; enfin, de prévoir la délivrance par le
greffier chargé de la tenu du registre, d'états destinés à
faire connaître les inscriptions qui grèvent un fonds de
commerce ou d'un certificat constatant qu'il n'en existe
aucune ».

Avant d'organiser cette publicité, le législateur veut
d'abord insister sur un point qui, cependant, ne pou-

vait faire de doute après les déclarations du rapporteur de la loi de 1898 au Sénat. C'est que l'inscription sur le registre public tenu, à cet effet, au greffe du Tribunal de commerce suffit à elle seule à rendre le nantissement opposable aux tiers, sans aucune formalité.

Cette innovation considérable n'apparait pas à la lecture du texte de la loi de 1898, et la place occupée par le paragraphe additionnel de l'article 2075 pourrait laisser subsister quelques doutes sur ce point. En effet, l'article suivant exige « dans tous les cas » la mise en possession du créancier. Si on ne se reportait aux travaux préparatoires, ou pourrait s'imaginer que le nantissement d'un fonds de commerce tombe sous l'application de cet article. C'est sans doute le laconisme de la loi qui a inspiré le jugement rendu par le Tribunal de commerce de la Seine, le 5 novembre 1898 *(Gaz. du Pal.* 98-2-822)*,* qui décide que l'inscription du nantissement est insuffisante et qu'elle doit être accompagnée de la remise des titres — acte d'acquisition du fonds et bail des lieux où il est exploité — Aussi, le projet de loi débute-t-il par un article destiné à fermer la porte aux discussions qui pourraient encore surgir àcette occasion.

Article 1er. — « *Le privilège résultant de l'acte contenant une dation en nantissement d'un fonds de commerce, s'établit par le seul fait de l'inscription prévue en l'article 2075, deuxième alinéa, du Code civil, sans qu'il soit besoin d'aucune autre formalité* ».

Pour organiser la publicité de ce nantissement ou pour mieux dire, de cette hypothèque, le projet de loi s'inspire des dispositions qui régissent, sur ce point, l'hypothèque terrestre et l'hypothèque maritime.

Sur quels documents le greffier doit-il opérer l'ins cription ? Cette question, réglée par l'article 2148 du Code civ. pour l'hypothèque immobilière, et par les articles 8 à 11 de la loi du 10 juillet 1885 pour l'hypo-thèque maritime est résolue d'une manière à peu près semblable par les articles 2 et 3 du projet.

Article 2. — « *Pour opérer l'inscription, il est repré-senté au greffier du Tribunal de commerce, soit par le créancier lui-même, soit par un tiers, l'original enregistré du titre constitutif du nantissement, s'il est sous seing privé ou reçu en brevet, ou une expé-dition s'il en existe minute* ».

« *Il y est joint deux bordereaux, écrits sur papier timbré et signés par le requérant : l'un d'eux peut être porté sur l'origine ou sur l'expédition du titre ; ils con-tiennent :*

1° *Les noms, prénoms, domiciles du créancier et du débiteur, et leur profession, s'ils en ont une :*

2° *La date et la nature du titre ;*

3° *Le montant du capital des créances exprimées dans le titre ou leur évaluation, comme aussi le mon-tant des accessoires de ces capitaux et l'époque de l'exigibilité ;*

4° *Les nom et prénoms du propriétaire du fonds de commerce donné en nantissement, ainsi que l'indica-tion de la nature et du siège de ce fonds de commerce,*

sans préjudice de toutes autres énonciations propres à
le faire connaître.

Art. 3. — « *Le greffier transcrit sur son registre*
le contenu aux borderaux et remet au requérant tant
le titre ou l'expédition du titre que l'un des borderaux
au pied duquel il certifie avoir fait l'inscription ».

Le but que l'on se propose ici, c'est de mettre les
tiers à même de connaître exactement l'étendue du crédit qu'ils peuvent faire au commerçant. Il faut donc que,
outre les noms, prénoms, etc... du créancier et du débiteur, l'inscription contienne toutes les indications propres à individualiser, d'une façon précise, le fonds de
commerce hypothèqué et le montant de la créance garantie. Il y va de l'intérêt même du débiteur, car si
l'inscription était muette sur tout ces renseignements,
les tiers qui seraient informés de l'existence d'une hypothèque sur le fonds, sans savoir quelle somme elle est
destinée à garantir, refuseraient leur crédit au commerçant, tout au moins jusqu'à ce que l'acte constitutif
leur ait été représenté. La production des deux borderaux signés du requérant a pour but de laisser au créan-
ncier la responsabilité des erreurs ou des omissions
qui peuvent exister dans l'inscription ; le greffier ne
répond que des erreurs qu'il peut commettre en trans-
crivant sur son registre le contenu des bordereaux, ce
qu'il sera facile de contrôler, en rapprochant le registre
et le bordereau conservé au greffe.

Le projet de loi ne dit rien du délai pendant lequel

le créancier peut utilement faire inscrire son titre. On s'en réfère à cet égard aux règles générales.

Par conséquent, tant que le fonds de commerce reste dans le patrimoine du débiteur, que celui-ci n'en est pas légalement dessaisi, le créancier peut inscrire son hypothèque ; si le débiteur a aliéné son fonds, l'inscription ne peut plus être prise utilement, dès l'instant que l'aliénation a reçu date certaine. Mais il y a utilité pour le créancier à s'inscrire au plus vite, même si le fonds reste en la possession du débiteur, car l'efficacité du droit peut dépendre de la date de l'inscription. La faillite du propriétaire du fonds, sa mise en liquidation judiciaire, l'acceptation de sa succession sous bénéfice d'inventaire, dans le cas spécial prévu par le Code civil, constituent pour le créancier autant de déchéances du droit d'inscrire son titre (art. 2146 C. civ. et 448 C. com.).

Pour le cas de faillite, l'inscription prise après le jugement déclaratif, est certainement inopérante. Cette inscription ne peut être inscrite que jusqu'au jour dudit jugement. Les termes du premier alinéa de l'article 448 du Code de commerce, ne laissent aucun doute à cet égard. Mais la question délicate à trancher, est celle de savoir si l'on doit appliquer à l'inscription du nantissement les dispositions du deuxième alinéa du même article, relatives à l'annulation des inscriptions d'hypothèque ou de privilège, prises après la cessation des paiements ou dans les dix jours qui ont précédé, lorsqu'il s'est écoulé plus de quinze jours entre la date de l'acte constitutif de l'hypothèque ou du privilège et celle de l'inscription. Nous n'hésitons pas à adopter et à soutenir l'affirmative. L'inscription de nantissement, a bien pour objet et pour résultat, de faire acquérir au créancier nanti, un droit de privilège sur le fonds de commerce. C'est donc, à ce titre, une inscription de privilège rentrant dans les prévisions de l'article 448. Il est vrai que la négative peut être défendue : on soutient, en effet, que l'article 448 du Code de commerce, bien antérieur à la loi qui nous occupe, ne lui est point applicable et que, antérieurement à cette loi, la jurisprudence, par une interprétation restrictive du deuxième alinéa de l'article 448, en contestait l'application aux formalités de publicité qu'elle déclarait alors suffisantes pour la validité du nantissement d'un fonds de commerce, c'est-à-dire à la signification au propriétaire, assimilée dans l'espèce à la signification du transport au débiteur cédé (V. Lyon-Caen et Renault, tome VII, n° 415 *bis*; Cass., 19 juin 1848. S. 48.1.465). Mais si l'on admet l'application du premier alinéa de l'article 448, malgré son antériorité à la loi du 1ᵉʳ mars 1898, il n'y a aucune raison de repousser l'application du second alinéa en invoquant cette même antériorité. D'autre part, la jurisprudence refusait avec raison d'étendre les dispositions de ce second alinéa aux formalités de la signification du transport au débiteur cédé, et de la remise des titres de créances au créancier nanti, car il ne s'agissait pas là d'inscription d'hypo-

thèque ou de privilège. Mais il n'en est plus de même
depuis la loi du 1er mars 1898, qui a subordonné la
validité du nantissement des fonds de commerce à la
formalité de l'inscription. Peu importe que celle-ci
doive être faite au greffe et non au bureau des hypothèques ; ce n'en est pas moins une inscription, tout au
moins de privilège, sinon d'hypothèque. Au surplus, la
nullité édictée par le 2e alinéa de l'article 448 est facul-
tative et laissée à l'appréciation du juge, qui pourra
toujours refuser de la prononcer, s'il reconnaît que le
retard de l'inscription est justifié.

Un second point que la loi du 1er mars 1898, laisse
également dans l'incertitude, c'est celui de la durée de
validité de l'inscription. Celle-ci doit-elle être renouvelée périodiquement, et quel est le temps pendant
lequel elle continuera à être valable ? C'est à quoi
répond l'article 4 du projet.

Art. 4. — « *L'inscription conserve le privilège pendant
cinq années, à compter du jour de sa date ; son effet
cesse si elle n'a pas été renouvelée avant l'expiration
de ce délai* ».

C'est l'application de la règle que l'inscription ne peut
produire effet pour un temps indéterminé, mesure
d'ordre administratif destinée à faciliter les recherches.
En effet, si le délai avait été illimité, comme la prescription n'est acquise au débiteur qu'au bout de 30
années, quelques fois plus (s'il y a eu des actes inter-
ruptifs ou des causes de suspension de la prescription),

il aurait fallu compulser de nombreux registres ; et comme, dans la pratique, des changements fréquents se produisent, soit dans la personne des propriétaires des fonds de commerce, soit dans la situation locale de ceux-ci, que d'ailleurs les débiteurs libérés oublient parfois de provoquer la radiation des inscriptions, il en serait résulté une confusion qui aurait quelque peu préjudicié à l'efficacité de la publicité.

Tandis qu'en matière d'hypothèque immobilière et maritime, la péremption de l'inscription se produit au bout de dix années, le projet de loi propose de limiter ici le laps de temps à cinq ans seulement « les transactions commerciales ne comportant pas, du moins en général, de longues échéances ».

Les articles 5, 6 et 7 règlent la radiation totale ou partielle des inscriptions :

Art. 5. — *Les inscriptions sont rayées, soit du consentement des parties intéressées, et ayant capacité à cet effet, soit en vertu d'un jugement passé en force de chose jugée* ».

« *A défaut de jugement, la radiation totale ou partielle ne peut être opérée par le greffier que sur le dépôt d'un acte authentique de consentement à la radiation, donné par le créancier ou son cessionnaire justifiant de ses droits* ».

Art. 6. — *Lorsque la radiation, non consentie par le créancier est demandée par voie d'action principale, cette action est portée devant le Tribunal de commerce du lieu où l'inscription a été prise* ».

Art. 7. — « *La radiation est opérée au moyen d'une mention faite par le greffier en marge de l'inscription* ».

« *Il en est délivré certificat à ceux qui le demandent* ».

Ainsi, la radiation totale ou partielle de l'inscription s'opère par une mention faite par le greffier en marge de l'inscription. Cette radiation est volontaire ou judiciaire. Dans le premier cas, le créancier consent ; on exigera le dépôt d'un acte authentique de mainlevée totale ou partielle (conf. L. 10 juillet 1885, art. 15). Le concours du notaire dans la rédaction de l'acte de mainlevée a pour but de garantir le créancier et aussi d'atténuer la responsabilité du greffier.

Si la mainlevée résulte d'un jugement, on exige que ce jugement ait force de chose jugée. Alors de deux choses l'une : ou bien la mainlevée est demandée accessoirement à la nullité, ou à l'extinction de l'obligation principale, et le droit commun s'appliquant ici, le projet n'avait pas à prévoir l'hypothèse, le tribunal compétent pour connaître de la mainlevée sera celui devant lequel l'action principale est portée ; ou bien la radiation est demandée par voie d'action principale, indépendamment de toute contestation sur la créance, et alors la connaissance du litige appartiendra au tribunal de commerce du lieu où l'inscription a été prise, puisque c'est

au greffe de ce tribunal que toutes les autres formalités ont déjà été remplies.

L'article 8 est la reproduction presque textuelle de
l'art. 2196 C. civ. et de l'art. 16 de la loi du 10 juillet 1885.

Art. 8. — *Les greffiers des tribunaux de commerce
sont tenus de délivrer à tous ceux qui le requièrent
copie des inscriptions subsistantes ou certificat qu'il
n'en existe aucune* ».

Art. 9. — *Dans aucun cas, les greffiers ne peuvent
refuser ni retarder les inscriptions, ni la délivrance
des états ou certificats requis.*

Enfin, la durée de l'inscription du nantissement ayant
été réduite à 5 ans, c'est-à-dire à la moitié de la durée
de l'inscription des créances hypothécaires résultant de
l'art. 20 de la loi du 21 ventôse an VII, sur l'organisation de la conservation des hypothèques, il a paru
logique de réduire aussi de moitié le montant du droit.

Art. 10. — *Le droit d'inscription des créances garanties au moyen du nantissement d'un fonds de commerce
est fixé à cinquante centimes pour mille francs du
capital de ces créances (0 fr. 50 p. 1000).*

« *Les actes de dépôt, récipissés, bordereaux, mentions, états et certificats faits ou délivrés en exécution
de la présente loi, ainsi que les réquisitions adressées
au greffier en vertu de l'article 8, ne donneront lieu à
aucun autre droit que le coût du papier timbré employé ; ils seront, le cas échéant, enregistrés gratis. Le*

registre des inscriptions tenu par le greffier, en exécu-
tion de l'article 3, sera sur papier timbré ».

. Art 11. — *Un décret, rendu dans la forme des règle-*
ments d'administration publique, déterminera les émo-
luments à allouer aux greffiers des tribunaux de com-
merce, ainsi que toutes les autres mesures d'exécution
de la présente loi ».

. On le voit, les dispositions de cette loi sont presque
calquées sur le Code civil et sur la loi du 10 juillet 1885.

. Elle vient combler heureusement les lacunes de la
loi du 1er mars 1898. Il serait à souhaiter qu'elle fût
votée le plus tôt possible. Nous tenons pourtant à signaler encore un oubli du législateur : En matière d'hypothèque immobilière, le tiers acquéreur a le droit de
procéder à la purge des hypothèques qui peuvent gré-
ver l'immeuble ; en sera-t-il de même pour les hypothèques constituées sur un fonds de commerce ?

. Nous ne voyons pas pour quelles raisons cette faculté
serait interdite à l'acquéreur d'un fonds decommerce. Il
n'y aurait qu'à mettre les dispositions du Code civil,
relatives à la purge, en harmonie avec les besoins du
commerce.

VII. — Conclusion

Ainsi serait complétée cette loi de 1898 qui a réalisé,
malgré les graves inconvénients pratiques qu'elle peut
présenter, un réel progrès sur la législation antérieure.

En permettant la constitution d'un nantissement sans dépossession sur les fonds de commerce, elle a étendu le champ d'application de l'hypothèque mobilière dont le rôle est destiné à prendre dans l'avenir une nouvelle extension.

En même temps, elle a reconnu, à ce point de vue, une individualité juridique aux fonds de commerce dont la nature reste malheureusement indécise, même encore aujourd'hui.

Enfin, grâce à la publicité organisée, ou plutôt édictée par elle, elle a mis fin au trouble apporté dans les relations commerciales par les incertitudes de la jurisprudence.

Il resterait, pour que le système fût complet, à étendre cette publicité obligatoire à la cession des fonds de commerce. Nous avons vu qu'une tentative avait déjà été faite dans ce but. Dans l'intérêt de la symétrie et de l'harmonie, on pourrait, ainsi que le proposent certains auteurs, faire consister cette publicité, comme pour les immutations immobilières. dans une transcription, qui serait faite sur un registre *ad hoc*, tenu par le greffier du Tribunal de commerce, à l'instar de ce qui se pratique pour l'inscription des nantissements sur lesdits fonds, depuis la loi du 1er mars 1898.

On arriverait ainsi à donner, en matière de mutation de fonds de commerce, la même sécurité que la transcription procure dans les transactions immobilières. C'est en ce sens que M. Magnin (Essai sur le nantisse-

ment des fonds de commerce et les résultats de la loi du
1er mars 1898, p. 36) voudrait voir aboutir la réforme.

Sans doute, un registre des transmissions de fonds
de commerce, destiné à la transcription des cessions de
fonds, présentera l'avantage de ne pas créer une publicité différente suivant qu'il s'agira du nantissement du
fonds ou de sa vente, mais nous croyons que cette
réforme, bonne en soi, heurterait trop les usages qui
ont, comme on sait, une importance considérable en
matière commerciale, et avec lesquels il faut compter
et que cette mesure isolée ne donnerait pas satisfaction
au commerce. L'auteur que nous venons de citer
repousse le système de publicité par voie d'annonces
dans les journaux : « Tout système de publicité qui ne
s'appuie que sur la presse, dit-il, est condamné à rester
inefficace, parce qu'il n'avertit qu'un nombre de personnes relativement restreint, et surtout parce qu'au
bout d'un temps assez court, il n'en reste plus de traces ».

Nous pensons que la publicité par annonces dans
les journaux, sanctionnée par un usage qui tend de
plus en plus en plus à se généraliser offre déjà certaines garanties, mais qu'elle est insuffisante. La transcription sur un registre *ad hoc* offrirait certainement des
garanties plus sérieuses, mais non encore satisfaisantes.
A notre avis, le législateur, mettant à profit les arguments présentés par les partisans de ces deux systèmes
de publicité, pourrait adopter un mode de publicité
mixte qui les comprendrait tous les deux. Ainsi, il édic-

terait l'obligation de la transcription pour créer une publicité générale et durable, et en même temps sanctionnerait l'obligation d'une insertion dans un journal d'annonces (publicité éphémère mais plus effective), de façon à ne pas supprimer un usage qui est entré dans les habitudes commerciales et qui a rendu des services très appréciables, en l'absence de toute prescription légale. Cette seconde obligation pourrait même être imposée en matière de nantissement de fonds de commerce, à titre de complément de la publicité édictée par la loi du 1er mars 1898, dont la pratique ne se déclare pas satisfaite, puisque spontanément elle y ajoute presque toujours, l'insertion dans un journal.

Sous cette réserve, nous estimons que le projet de loi présenté par MM. Mazeau et Dietz-Monin peut encore, à l'heure actuelle, servir de guide au législateur, et souhaitons qu'il soit prochainement remis à l'étude et consacré par les Chambres.

Vu le Doyen :
GLASSON.

Vu le Président de la thèse :
RENAULT.

Vu et permis d'imprimer :
Le Vice-Recteur de l'Académie de Paris,
GRÉARD.

TABLE DES MATIÈRES

CHAPITRE PREMIER

NATURE JURIDIQUE DU FONDS DE COMMERCE

CHAPITRE II

VENTE DES FONDS DE COMMERCE

CHAPITRE III

NANTISSEMENT CONSTITUÉ SUR LE FONDS DE COMMERCE

Orléans. — Imp. MAURICE FOURNIQUET, rue Bannier, 47.

www.ingramcontent.com/pod-product-compliance
Lightning Source LLC
Chambersburg PA
CBHW060557210326
41519CB00014B/3498